Con varios éxitos que han alcanzado el número uno en las listas de más vendidos, entradas agotadas en pocas horas en todas sus giras y un premio BRIT a sus espaldas, One Direction son, sin duda, los reyes del pop británico. Su popularidad se extiende por el mundo, y sus seguidores los adoran.

Su ascenso a la cima ha sido meteórico. Pero ¿de dónde vienen estos chicos tan talentosos como guapos? En esta primera biografía sobre la banda, se revela la historia de la infancia de Harry, Niall, Louis, Zayn y Liam. Las obras de teatro escolares, los concursos de talento, las noches de karaoke, las aventuras románticas, los corazones rotos y también las duras pruebas a que los ha sometido la vida, como la enfermedad de Liam o el divorcio de unos padres.

Seguimos su trayectoria en Factor X, que los envió a casa como artistas en solitario, para volver a convocarlos en forma de banda. Al final, y aunque iban por el primer puesto pero terminaron terceros, fueron contratados por Simon Cowell, quien los ha convertido en un éxito sin precedentes.

Este libro descubre la manera en que One Direction alcanzó la cima a un ritmo de vértigo. Al presentar por primera vez la historia completa y verdadera de la banda, *One Direction. La historia* te proporciona cuanto necesitas saber sobre el grupo más caliente del mundo del pop. Es el libro que todo fan debe tener.

DANNY WHITE es escritor especializado en cine y celebridades. Aparece con frecuencia en la radio y la televisión.

One Direction. La historia

DANNY WHITE

INTRODUCCIÓN

Un mes puede suponer un período prolongado y muy movido: solo has de preguntárselo a One Direction. Para Liam, Louis, Niall, Harry y Zayn, por ejemplo, los treinta días de abril de 2012 fueron jornadas atestadas de incidentes internacionales, grandes triunfos y momentos atormentados. Hacía solo cinco años todos ellos se limitaban a ser cinco chicos adolescentes normales que contaban los días hasta que llegara el del casting del concurso de *The X Factor*. A partir de entonces, su vida pasó a ser cualquier cosa menos normal.

En abril fueron invitados a la Casa Blanca por Michelle Obama. Anunciaron un concierto que se celebraría en el estadio más prestigioso de Estados Unidos: el Madison Square Garden... y luego agotaron todas las entradas en tiempo récord. Entraron en el plató para grabar con Justin Bieber, el rey canadiense del pop. Al tiempo que Estados Unidos se enamoraba del grupo, aparecieron en los principales programas de televisión, como *The Today Show* y *Saturday Night Live*. Entretanto, una sombra se proyectó sobre su sueño americano cuando se enfrentaron a un proceso judicial interpuesto por un grupo estadounidense del mismo nombre. Los miembros del grupo estadounidense no tardaron en recibir amenazas de muerte de los enfurecidos fans de sus homólogos británicos.

Más adelante, también en abril, el grupo voló al hemisferio sur. Allí descubrieron encantados que las chicas australianas y neozelandesas sentían la misma devoción por ellos que sus homólogas estadounidenses y británicas. En Sidney, un ejército de fans se aglomeró en torno al grupo y en cierta ocasión, un joven que no guardaba ninguna relación con ellos fue rodeado por vociferantes fans cuando lo confundieron con un miembro del grupo. Aunque las medidas de seguridad se incrementaron, una fan australiana declaró que estaba dispuesta a que le dispararan, solo por poder acercarse a ellos. Después, una tostada medio devorada por Niall fue subastada y alcanzó ofertas de casi 100.000 libras esterlinas.

Mientras celebraban la noticia de que su single de debut había superado el millón de ejemplares vendidos en Estados Unidos, cada miembro del grupo se embolsó unos dos millones de libras. Louis decidió que tenía ganas de comprar un mono como mascota y, como si todo eso no fuera bastante tras solo un mes, se sintieron simultáneamente halagados al recibir los elogios de Rihanna, la princesa del pop, y luego decepcionados al descubrir que Madonna había declarado que ignoraba quiénes eran. Antes de que abril llegara a su fin el grupo también besó a unos cuantos koalas, causando el temor de que hubieran contraído clamidia debido al contacto con la orina de los koalas; después fueron a practicar surf en el océano Pacífico. Incluso hubo tiempo suficiente para que Niall sufriera una intoxicación por alimentos y que otros dos miembros hicieran bungee y saltaran desde una altura de 192 metros. Después regresaron a Gran Bretaña donde, como siempre, fueron recibidos por miles de enloquecidos fans.

No resulta extraño que el frenesí que rodea a One Direction haya sido comparado con la Beatlemanía, puesto que, se mida como se mida, su popularidad es inmensa. Son el primer grupo pop británico cuyo álbum de debut ocupó el primer puesto de la lista de superventas estadounidense. El mismo álbum pasó inmediatamente a ocupar el primer puesto en Gran Bretaña y en doce países más. Tienen más de 12 millones de seguidores en Twitter y 3,6 millones en Facebook. Han acumulado más de 204 millones de visitas en YouTube. Un portavoz de Google ha revelado que cada mes 3,35 millones de personas introducen frases relacionadas con One Direction en su buscador.

One Direction es el grupo de chicos más importante de Gran Bretaña, y quizá del mundo. Cómo se convirtieron en ello es una historia fascinante e inspiradora.

1

HARRY STYLES

Cuando los cinco miembros de One Direction por fin disfruten de la oportunidad de dejar de trabajar durante un momento, tomarse un descanso y empezar a contemplar el éxito en el que se ha convertido su carrera como artistas pop, nadie se lo tomará con más calma y displicencia que Harry Styles. El carácter encantador y despreocupado de Harry no supone un intento de alcanzar una imagen de «pop cool»; en el fondo es un tío realmente relajado. Su carácter impasible también ha sido puesto a prueba: antes de alcanzar la fama, la vida le lanzó algunas bolas difíciles de devolver, pero bateó todas sin perder la calma y solo rara vez sudó la gota gorda.

En cuanto a Anne Cox, la madre de Harry —cuando se detiene a pensar sobre ello—, le cuesta un esfuerzo considerable comprender la fama adquirida por su hijo y sus numerosos logros profesionales. Puede que para los demás Harry sea el guapo cantante de One Direction, un joven conocido en muchos países y sometido a innumerables comentarios tanto por parte de sus fans como de los medios, pero para Anne además siempre será otra cosa.

—Al fin y al cabo, él es mi niño pequeño y allí está en el escenario, frente a millones de personas —dijo.

El niño de Anne nació el 1 de febrero de 1994. Era su segundo hijo: ya tenía una niña llamada Gemma; cuando fue madre por segunda vez, Anne se sintió igual de encantada y le puso el nombre de Harry Edward a su precioso bebé. En aquel entonces nadie lo sabía, pero acababa de nacer una estrella.

Harry pasó los primeros años de su vida en el condado de Cheshire, en el noroeste de Inglaterra, una zona rural de gran belleza que rodea una serie de pequeñas ciudades y pueblos. Gran parte de la infancia de Harry transcurrió en Holmes Chapel, uno de dichos pueblos, en un barrio confortable que dispone de casi todos los servicios básicos, incluso de medios de transporte que permiten que quienes desean algo más excitante puedan acceder fácilmente a Manchester. El propio Cheshire no es una región que disfrute de un importante patrimonio artístico, aunque los cantantes de rock Ian Curtis y Tim Burgess son oriundos de allí. Cuando se presentó al casting de *The X Factor*, Harry dijo que la región era bastante aburrida, que allí no pasaba casi nada, pero luego —con una sonrisa pícara— admitió que era «pintoresca». Hoy es uno de los hijos más célebres de Cheshire.

Cuando Harry se convirtió en un niño que empieza a caminar fue enviado a un parvulario llamado Happy Days y afirmó que el nombre de la institución era muy adecuado, puesto que allí pasó muchos buenos momentos. Era un parvulario pequeño, así que siempre recibió atención y cuidados. Durante los años en los que asistió, Harry fue un niño formal, dedicado a entretenerse con los juguetes y a participar en juegos colectivos. Siempre ha sido un muchacho marchoso y también creativo: empezó a demostrar su faceta artística en casa ante la mesa del desayuno, donde solía decorar las tostadas con colorantes antes de comerlas. Siempre lo animaron a expresarse, un aspecto clave en el desarrollo de cualquier artista en ciernes. Con el tiempo aprendió a hacer juegos malabares y tocar instrumentos musicales. Hoy se ha convertido en un muchacho con diversos talentos, alegre y divertido.

—Siempre le ha gustado llamar la atención y hacer reír a las personas —dijo Anne en una entrevista de la revista *Now*—. No es nada tímido, y desde pequeño ha provocado las sonrisas de los demás. Siempre creí que acabaría encima de un escenario.

A los siete años, la vida de Harry —que hasta entonces había sido feliz y placentera— se vio afectada por el anuncio del divorcio de sus padres. Su reacción frente a dicha funesta noticia fue echarse a llorar: amaba a sus padres, así que detestaba la idea de que se separaran. A sus siete años, puede que Harry se encontrara ante un doble dilema: tenía la suficiente edad como para comprender el dolor causado por la separación, pero no para comprender o controlar su propia reacción frente al dolor. Lo típico es que los niños que se enfrentan a semejante cataclismo sienten pena, resentimiento, confusión e incluso ira mientras van aceptando la situación.

Aunque en público Harry siempre ha descrito su reacción frente al divorcio de manera positiva, no cabe duda de que le hizo daño y, hasta cierto punto, afectó el rumbo de su vida después de dicha separación. Afirma que lo superó con bastante rapidez y aprendió a convivir con la situación. Tal como ha confirmado más adelante, a los siete años su capacidad para comprender lo que les ocurría a su padres era bastante reducida; tuvo que adaptarse a numerosos cambios en la vida cotidiana. Tras el divorcio, él, su hermana y Anne se mudaron y se instalaron en una zona más rural de Cheshire, ocupando la planta superior de un pub del que Anne se convirtió en propietaria.

La vida de Harry sufrió numerosos cambios, pero él aprendió a encajar los golpes. Se hizo amigo de un chico llamado Reg, que era un poco mayor que él y empezó a familiarizarse con la región. Uno de los lugares que frecuentaba —y que le encantó descubrir— era una granja lechera situada a escasas millas de su nuevo hogar donde elaboraban exquisitos helados. Adoraba esos helados y la vida siempre parecía maravillosa cuando saboreaba uno tras ir en bicicleta hasta la granja.

A pesar del divorcio de sus padres, Harry no perdió la energía ni el entusiasmo. Más que cometer travesuras —solo se metió en una única pelea durante todos los años que asistió al instituto— encauzó su energía en el estudio. Más que nada, disfrutaba de las clases de gramática y de religión. Durante las primeras, descubrió que tenía talento para expresarse por escrito y a menudo obtuvo buenas notas en sus redacciones. Como en el fondo era una persona extrovertida, tenía muchas ganas de asistir a las clases de arte dramático y fue gracias a estas que debutó como cantante.

—La primera vez que canté en serio fue en una obra montada en el colegio y, como realmente disfruté del subidón que me provocó, quise repetir la experiencia —dijo.

Dicho subidón se debió a ver satisfecho su amor por la interpretación y por encontrarse bajo los focos. Entre otras obras, Harry apareció en *Chitty Chitty Bang Bang*, en la que interpretó el papel de Buzz Lightyear. Aunque dicho personaje —que en su origen formaba parte de la franquicia de *Toy Story*— no aparecía en la historia de *Chitty*

Chitty Bang Bang, como se trataba de una producción escolar hubo que dejar a un lado la tradición. Dado que Harry nació bajo el signo de Acuario la experimentación no lo amedrentaba y no supuso un inconveniente para él. En otra ocasión interpretó el papel protagonista en una obra sobre un ratón llamado Barney.

No obstante, para Harry actuar solo era un aspecto de la interpretación y pronto también lo animaron a cantar; el primero que despertó su interés por la música fue su padre. Cuando se dio cuenta de que Harry adoraba cantar, su abuelo le compró una máquina de karaoke y una de las primeras canciones que Harry cantó junto a Elvis Presley fue *Girl of My Best Friend*.

Fue mientras asistía a la Holmes Chapel Comprehensive School sita en Selkirk Drive que Harry descubrió una manera nueva y excitante de satisfacer su deseo de actuar frente a un público; ello sucedió cuando lo invitaron a formar parte de un grupo de rock. Uno de sus amigos llamado Will estaba buscando un vocalista para un grupo que estaba formando y le pidió a Harry que se uniera a los ensayos. Todos los miembros estaban encantados de que el guapo Harry se convirtiera en el vocalista principal y el grupo quedó completo.

Entonces solo faltaba ponerse de acuerdo acerca del nombre del grupo. Quien sugirió el nombre de White Eskimo al azar fue Harry. Es un apodo un tanto extraño que más bien suena a nombre de club nocturno o de cóctel que a grupo adolescente de rock. Sin embargo, era indudablemente llamativo y como a nadie se le ocurrió algo mejor, fue aceptado. Harry es un individuo imaginativo: no sería la última vez que se le ocurriría el nombre de un grupo. White Eskimo estaba influenciado por grupos punk-pop tales como los californianos Blink-182. Harry también es un fan de Jack's Mannequin y otros artistas similares. No obstante, tres cantantes que supusieron una importante inspiración musical para él no formaban parte del género punk-pop durante sus años icónicos: a saber Michael Jackson, Elvis Presley y Freddie Mercury. Otras canciones adoradas por Harry durante su infancia incluyen *Free Fallin'* de John Mayer y también sentía un gran aprecio por las de Michael Bublé. Todos los miembros de White Eskimo estaban influidos por diversos músicos y en conjunto formaban un grupo musical bastante bueno.

Pronto comenzaron a tocar en las fiestas del instituto... e incluso en una boda. La primera canción que White Eskimo interpretó en vivo y en directo fue *Summer of '69* de Bryan Adams. Entonces el grupo descubrió que celebraban un concurso para grupos de la localidad y decidieron presentarse, tal como más adelante Harry le relató a Dermot O'Leary, el presentador del programa *The X Factor*.

—Hace alrededor de año y medio participamos en un concurso denominado *La Batalla de los Grupos* y lo ganamos. Tras ganar el concurso y tocar ante un público tan numeroso comprendí que eso era lo que yo quería hacer. Cantar ante todas esas personas resultó muy excitante y quise hacerlo una y otra vez.

La victoria también impresionó a Denis Oliver, el director del instituto de Harry, presente durante el concurso celebrado en la cantina del instituto. Más adelante, el señor Oliver recordaría lo siguiente:

—White Eskimo salió victorioso en *La Batalla de los Grupos* cuando Harry estaba en el décimo curso. Harry ha actuado en muchas reuniones sociales.

Era evidente que, como cantante, Harry había causado un impacto considerable entre los miembros de su primer público en directo.

De hecho, algunos de los niños que presenciaron dichos espectáculos aún recuerdan lo que vieron. Por ejemplo Bethany Lysycia, quien le dijo a la revista *Crewe Chronicle*:

—Eran realmente buenos. Todos estaban muy impresionados, sobre todo por Harry. Todos sabíamos que sabía cantar porque siempre lo hacía por los pasillos. Estaba destinado a ser una estrella y considero que cada vez lo hace mejor.

En internet han colgado vídeos del grupo tocando *Summer of '69* en una boda. Aunque en dichos vídeos la voz de Harry es bastante más aguda que en el presente, su actitud en el escenario resulta familiar: brinca, dirige la vista hacia abajo al tiempo que inspira profundamente y en general se parece al muchacho que ahora forma parte de One Direction. Otra canción que interpretaban con regularidad pertenecía al grupo llamado Jet y se denominaba *Be My Girl*. Hay otro vídeo donde se ve al grupo ensayando y es evidente que se divierten.

Su interpretación durante la boda supuso la primera vez que cobraron: les pagaron 160 libras por el espectáculo; lo dividieron en partes iguales y cada uno recibió 40 libras. Y Harry recuerda que también les ofrecieron sándwiches gratis. Sin embargo, además del dinero y los sándwiches, lo que más valoró fue el *feedback* y la experiencia: la gente le decía que tenía talento como vocalista principal.

Su carisma y su presencia escénica eran tales que uno de los invitados a la boda, un productor musical y por tanto un hombre con visión de experto, lo comparó con uno de los mejores vocalistas principales de la historia musical británica: Mick Jagger, de los Rolling Stones. Supuso un gran honor para Harry y se sintió muy orgulloso y excitado por todo el *feedback* positivo que recibía. Mucho antes de adquirir fama nacional e internacional se estaba convirtiendo en un chico de póster y en una minicelebridad del lugar. Dicho hecho, junto con su apostura juvenil y su encanto personal, significó que ya llamaba la atención de las chicas mucho antes de saltar a la fama a través de *The X Factor*.

Harry afirma que su primera amiga íntima fue una niña que conoció a los seis años. Era la hija de una amiga de Anne y ambos eran inseparables. Harry hasta compró dos ositos de peluche para ambos. La describe como «una pequeña muy mona». A los doce años tuvo su primera novia formal y ha declarado que su «primer morreo» fue con una chica de su instituto.

Una chica llamada Lydia Cole declaró a la revista *Crewe Chronicle* que Harry fue su primer novio cuando ambos asistían al instituto.

—Lo que ves en la pantalla es la realidad —dijo—. Ese es Harry: siempre ha sido encantador y descarado.

Una vez que Harry se volvió famoso a través de One Direction circularon rumores que lo pintaban como alguien con mucha experiencia con las chicas y muy dado a jactarse de sus conquistas.

—Harry fanfarroneaba acerca de las numerosas chicas con las que se ha acostado —afirmó un «enterado» citado por la revista *Now*—. Dijo que eran seis.

—Harry es muy dado a flirtear —añadieron.

Entre todos los miembros de 1D, Harry era el que parecía más seguro de sí mismo al tratar con personajes femeninos atractivos durante el concurso de *The X Factor* y otros espectáculos. El legado de sus experiencias pasadas quedaba demostrado por la imagen desenvuelta, confiada y segura de sí misma que adoptaba al hablar con ellas, y que desmentía su corta edad.

En cuanto a su familia, esta adquirió un nuevo miembro cuando su madre conoció a Robin, el padrastro de Harry. La pareja había procurado tener en cuenta los sentimientos de Harry y Gemma, y solo les informaron de su relación de manera gradual y delicada. Harry consideró que Robin era una buena persona y estaba encantado —aunque le dio un poco de risa— cuando descubrió que le había pedido matrimonio a Anne mientras ambos veían *Coronation Street*, un célebre culebrón británico.

Otros recuerdos de su infancia incluyen la ocasión en que comió demasiado en un restaurante TGI Fridays y vomitó encima de su hermana Gemma de camino a casa. Su devoción por la comida nunca supuso un problema de peso, en parte porque adora hacer deporte; el bádminton, el fútbol y el críquet son tres de los que disfrutaba practicando. También se convirtió en un temible adversario en la bolera. No resulta sorprendente que una de sus clases predilectas en el instituto fuera la de educación física. Empezó a jugar para el equipo de fútbol del lugar, a menudo como portero.

Obtuvo un trabajo a tiempo parcial en una empresa del lugar, la panadería W. Mandeville. Simon Wakefield, su jefe, declaró en la BBC que Harry había sido un empleado ejemplar.

—Solía limpiar el suelo por las noches y trabajaba los sábados atendiendo a los clientes en la tienda. Era un tipo genial, su presencia resultaba grata... siempre había un buen ambiente cuando Harry estaba allí.

El antiguo jefe de Harry también dijo que el muchacho «gozaba de una gran popularidad entre los clientes cuando trabajaba detrás del mostrador». Resulta fácil imaginar que, gracias a su carisma y su apostura, le caía bien a todo el mundo.

Harry estaba dispuesto a trasladar su encanto natural a la escena británica. Al igual que millones de otros británicos, adoraba los programas televisivos dedicados a la promoción de nuevos talentos, incluido *The X Factor*. Tras ver como sobre todo los jóvenes participantes alcanzaban el éxito en dicha serie, empezó a creer en la posibilidad de alcanzarlo él también. Echando mano de una frase que en el futuro resultaría apta para él, se atrevió a soñar. Los concursos de talento y las bodas celebrados en su localidad estaban muy bien, pero presentarse a un casting frente al muy respetado Simon Cowell y los otros jueces, además de ante millones de telespectadores, era algo bien distinto. Así que se hizo con una solicitud —que Anne se encargó de rellenar— y la envió por correo. A partir de entonces, solo se trató de contar los días hasta que llegara el del casting. Cuando les dijo a sus compañeros del grupo lo que planeaba hacer, estos no se resintieron. Nick Clough, el bajista, dijo:

—Nos alegramos por él y le deseamos mucha suerte.

Haydn Morris, el guitarrista principal, declaró:

—Todos los alumnos del instituto lo apoyamos. Es genial.

Aunque presa de la ambición y la esperanza, a medida que la fecha del casting de *The X Factor* se aproximaba, Harry mantenía una actitud abierta con respecto a sus planes futuros. Solo tenía claro que, sea cual fuere el trabajo que acabara realizando, quería que fuera algo que le permitiera ganarse bien la vida. No quería tener problemas económicos de mayor; tenía intención de asistir a la universidad y estudiar derecho, empresariales y sociología. En sus ratos libres trabajaba en la panadería. Tal como veremos, algunos de los otros chicos que acabaron formando parte de One Direction se presentaron al casting presa de los nervios, puesto que consideraban que su futuro dependía de obtener un «sí» de los jueces. El displicente Harry también ansiaba tener éxito, pero el resultado no lo angustiaba. Para él, la experiencia más bien suponía un descubrimiento: quería averiguar si era capaz de convertirse en un cantante profesional. Si resultaba que la respuesta era negativa, de acuerdo... pero al menos lo habría intentado.

De vez en cuando, cuando alguien alberga un sueño, encuentra un motivo para no tratar de alcanzarlo. Más que centrarse en todo lo que podía salir bien, se limita a pensar en todo lo que puede salir mal. El ejemplo de Harry demuestra que a veces merece la pena enfocar las cosas de un modo más sencillo y positivo, basado en considerar que no pierdes nada haciendo un intento. Harry no se enfrentó a *The X Factor* con el temor de que su vida dependía de tener éxito; se limitó a probar suerte y ver qué pasaba. La vida nos obliga a tomar muchas decisiones... y el joven Harry Styles acababa de tomar una muy sabia.

2

LOUIS TOMLINSON

Hasta cierto punto, Louis es el más enigmático del grupo. A diferencia de Harry, Liam, Niall e incluso Zayn, prácticamente no estaba presente en nuestras pantallas cuando se emitieron las primeras fases de *The X Factor*. Solo un número escaso de telespectadores notaron su presencia mucho antes del inicio de la fase de los jueces especiales conocida como Judges Houses, en la que, con el fin de emitir un veredicto final, cada juez se traslada a una casa en alguna ciudad del mundo acompañado por un ayudante. Incluso cuando el grupo se formó y apareció en los programas en directo, el protagonismo de Louis era menor. En el período subsiguiente a la emisión del programa, al tiempo que

One Direction daba los primeros pasos de su carrera, un antiguo —y amargado— ganador del popular concurso televisivo incluso cuestionó su participación en el grupo. Muchos se hubieron sentido descorazonados por ocupar un lugar de menor preponderancia, pero no Louis: mantuvo la cabeza alta y también prodigó su encantadora sonrisa, no tardó en convertirse en un favorito de las fans y a veces recibía los aplausos y los gritos más sonoros del público durante los conciertos y las apariciones en público.

Para afrontarlo tuvo que recurrir a la seguridad en sí mismo y al saber estar. Como Louis es el hijo mayor de la familia, rara vez careció de ambas características. Tiene cuatro hermanas menores, llamadas Phoebe, Daisy, Félicité y Charlotte. Como primogénito, se espera de él que posea ciertas cualidades inherentes, entre ellas un gran sentido del deber y de la responsabilidad, además de la capacidad de ponerse al mando. Ello se debe en gran parte a que, como el mayor de una familia extensa como los Tomlinson, suele jugar un papel casi parental en el hogar. Estos niños tienen el don de cuidar de los demás y Louis ha manifestado que a veces su capacidad para tratar con los niños ha impresionado a las personas. Pero los primogénitos también tienen un lado menos positivo y a veces tienden a la autocrítica, la envidia y los sentimientos de culpa. Tras la imagen despreocupada de Louis se ocultan momentos en los que se sintió desgraciado e inseguro.

Pero la verdad es que el hecho de ser el único varón de la familia afectó su vida en la misma medida que su condición de primogénito. Hizo que se sintiera muy próximo a su madre ya desde niño y el vínculo afectuoso ha durado hasta el presente, incluso pese a estar separados por miles de kilómetros. Los tuit intercambiados por madre e hijo en Twitter atestiguan la intimidad de su relación, al igual que sus declaraciones.

—Mantenemos una relación muy estrecha —dijo Johanna—. Tiene cuatro hermanas y es mi único hijo varón. Es un muchachito encantador y hogareño.

Dada la diferencia de edad entre Louis y sus dos hermanas menores —las mellizas Daisy y Phoebe— a menudo le pidieron que colaborara con las tareas del hogar, cosa que hizo con alegría y eficacia. Existen varias fotos en las que Louis aparece cuidando de sus hermanas. En una de estas —que se volvió célebre— su hermana Charlotte está sentada en su regazo mientras Louis le lee un cuento. Adora a todas sus hermanas, pero eso no impidió su deseo de tener un hermano y, puesto que no lo tuvo, él y su padre —los dos únicos varones del hogar de los Tomlinson— han establecido un vínculo muy estrecho entre ellos.

Como todos los fans del grupo tienen más que presente, Louis es el miembro más locuaz de One Direction. Su pasión por darle a la lengua sin parar es anterior a su incorporación al grupo. Incluso cuando aún estaba en su cochecito, Louis no paraba de hablar durante todo el día y en la calle el niño mono solía saludar en voz alta a los desconocidos. Si el locuaz Louis consideraba que sus respuestas no eran lo bastante simpáticas, era capaz de soltarles un comentario menos afable. Era un niño lleno de energía y de mucho carácter, y el «muchachito encantador y hogareño» de Johanna siempre pareció tener algo especial.

Era un joven encantador que ya de niño tenía tendencia a soñar. Antes de optar por una carrera como cantante, entre otras cosas Louis soñó con ser un Power Ranger, un jugador de fútbol, un granjero, un profesor de arte dramático y un actor. Que Louis hubiera sentido pasión por los Power Rangers resulta pertinente. Reconoce que de niño «lo obsesionaban» y durante varias Navidades seguidas pidió que le regalaran un muñeco de los Power Rangers o algún otro juguete relacionado con la serie. Cuando durante un tiempo la familia se trasladó a Poole, situado cerca de Bournemouth, el descubrimiento de que allí junto a la costa había atracciones de Power Rangers supuso una gran ilusión para Louis. A esas alturas —y sin que Louis lo supiera— Zayn Malik, su futuro compañero de grupo, también sentía pasión por los Power Rangers. Hay otra curiosa coincidencia: el hecho de que el hombre que más adelante haría que los sueños de los chicos se cumplieran había jugado un papel importante en la serie de los Power Rangers. Al tomar nota del gran número de espectadores de los que disfrutaba la serie televisiva, Simon Cowell firmó un contrato con el fin de publicar las canciones de la serie. Una de ellas alcanzó el tercer puesto de las listas de ventas. En el futuro, Cowell situaría a Louis en el primer puesto de estas.

No obstante, Louis debería atravesar diversas etapas a medida que su amor por el espectáculo se desarrollaba. De hecho, al principio dicho amor estaba más relacionado con actuar que con cantar y pronto empezó a interpretar pequeños papeles de extra en programas de televisión. Empezó por camelar al productor de un espectáculo en el que actuaban sus hermanas mellizas para que le diera un papel. En uno de los espectáculos en los que participó conoció al célebre James Corden y ambos aún siguen siendo amigos. Tomó clases de arte dramático y hasta fue lo bastante ambicioso como para contratar a un agente. Después obtuvo varios papeles —aunque no importantes— que incluían uno en *Waterloo Road*, la serie de la BBC que lleva tiempo en pantalla, y otro en una comedia dramática de la cadena ITV llamada *If I Had You*. También actuó en el instituto y uno de los puntos culminantes de su vida anterior a *The X Factor* fue obtener el papel protagonista de Danny en una producción de *Grease*, un logro que lo llenó de orgullo e ilusión. Actuó ante doscientos espectadores y, al parecer, Louis interpretó el papel protagonista con bastante éxito.

Además de actuar, Louis siempre causó un impacto en el instituto. Más adelante varios de sus profesores conservaban un recuerdo vívido —aunque a veces contradictorio— de Louis. Yvonne Buckley, la directora del instituto, afirmó que interpretaba el papel de hermano mayor a la perfección.

—Louis era un alumno trabajador y decidido que siempre apoyó a sus hermanas —afirmó.

Jenni Lambert, la antigua tutora de Louis, pone en tela de juicio que el muchacho fuera «trabajador».

—Me alegro muchísimo por él —declaró al *Daily Star*—. A veces se comportaba como un pilluelo en el instituto, pero adoraba cantar en público, y lo que más le apasionaba era cantar con el grupo. Siempre quiso actuar y cantar. Es un muchacho muy encantador, pero estudiar no era lo suyo.

»Tiene un carácter muy atractivo —añadió por fin.

Louis le proporcionó a su tutora un estupendo ejemplo para motivar a sus alumnos.

—Si trabajáis duro —les dice esta—, vosotros también os convertiréis en personas tan exitosas como Louis.

A pesar de su éxito inicial como actor —una disciplina que Louis aspira a retomar algún día en el futuro— lo que lo convirtió en el ejemplo actualmente empleado por Lambert fue la música. A los catorce años se unió a un grupo llamado The Rogue. Se enorgullece de haber pertenecido a este y está muy orgulloso del nombre (no cabe duda de que es un nombre más evocador de un grupo de rock que White Eskimo, el nombre ideado por Harry). La historia de cómo se incorporó a The Rogue no es nada convencional. Los demás miembros del grupo trabaron amistad con Louis durante una excursión a Norfolk organizada por el instituto y le preguntaron si quería ser el vocalista principal. Que se lo preguntaran ignorando si sabía cantar o no dice mucho de la aptitud de Louis para convertirse en una estrella. Si uno buscara el modo de demostrar que una persona posee esa cualidad indefinible pero importante conocida como «el factor x» lo anterior constituye un ejemplo. La personalidad carismática de Louis —quizá sumada a su cara guapa— bastó para convencer a un grupo ya formado de que él era la persona indicada para convertirse en el vocalista principal.

Afortunadamente, se dieron por satisfechos cuando lo oyeron cantar; entonces el grupo de The Rogue estaba completo. El sonido del grupo era más rockero que el de One Direction. Entre las canciones que intentaron versionar estaban las del grupo estadounidense de punk-rock llamado Green Day, más conocidos por sus himnos titulados *American Idiot, Wake Me Up When September Ends* y *Good Riddance (Time of Your Life)*. Como ya se ha dicho, Harry también era un aficionado a su sonido alegre y bullanguero. The Rogue también versionó canciones de The Killers, otro grupo rockero estadounidense. Cuando Louis interpretaba las canciones de esos grupos, en parte se imaginaba que era el vocalista principal de dichos grupos: Billie Joe Armstrong y Brandon Flowers respectivamente, pero también procuraba incorporar su propia personalidad a la interpretación.

Con el tiempo se convertiría en una auténtica estrella, con todo lo que ello conlleva, incluido las chicas. Su primer beso ocurrió durante el quinto curso.

—No lo recuerdo muy bien —confesó en el sitio web Sugarscape—. Fue uno de esos momentos un tanto extraños. Estuvo bien. Yo era joven e ingenuo. ¿Qué más puedo decir?

Al año siguiente se enamoró de una famosa por primera vez: Emma Watson, la actriz de las películas de Harry Potter. Recuerda caer rendido a sus encantos cuando él y sus compañeros de clase fueron a ver la primera película de la serie.

—Literalmente todos quedaron prendados de ella —declaró.

Cuando entró en la adolescencia, Louis empezó a salir con una chica que «realmente le gustaba». Sin embargo, pocas semanas después ella le dijo que «no era lo bastante guapo». Al relatar la historia tras convertirse en un chico de póster a través de One Direction, el dolor de Louis aún era notable.

—Todavía me duele —dijo. Hoy en día, que una chica osara darle calabazas a su héroe deja atónitas a sus fans.

Incluso teniendo en cuenta que Louis es el mayor de los One Direction, su infancia fue más ajetreada y supuso una experiencia más movida que la de sus compañeros. Era un chico con energía y mucha prisa, ansioso de probar la mayor cantidad posible de las cosas que la vida le ofrecía. Su currículo es un dechado de los numerosos trabajos que ejerció. De adolescente, Louis trabajó como entrenador de fútbol, como vendedor de tentempiés en un estadio, como camarero, en una sucursal de la conocida cadena de juguetes Toys R Us y también en una sala de cine.

No obstante, el momento de presentarse al casting de *The X Factor* no tardaría en llegar. Se presentó en 2009, pero no logró superar la primera ronda. Durante el transcurso del año siguiente se empecinó en regresar y tener éxito. Cuando volvió a presentarse en 2010 acababa de aprobar los AS-Levels (exámenes del bachillerato). Su vida jamás volvería a ser la misma.

3

ZAYN MALIK

Dados sus rasgos de apostura casi idílica, incluido su magnífica cabellera, Zayn podría haber emprendido una carrera diferente. No le hubiera resultado difícil convertirse en modelo, por ejemplo. Incluso podría haberse convertido en un chico aburrido y arrogante, tal como otras numerosas jóvenes celebridades. No tardan en comprender que su cara bonita basta para abrirles puertas y en consecuencia deciden que no tienen motivos para mostrarse genuinamente encantadores. Pero pese a ser un poco vanidoso Zayn ha evitado dichos escollos y nunca ha dejado de ser el personaje bondadoso, realista y ligeramente excéntrico que siempre ha sido.

Zayn Malik, cuyo nombre a veces se escribe «Zain», nació el 12 de enero de 1993. Su madre se llama Tricia y su padre, Yaser. Es oriundo de una familia extensa y cordial: Zayn tiene tres hermanas, cinco tías, dos tíos y más de veinte primos. Tener tantos parientes del sexo femenino, al igual que Louis, su compañero del grupo, ha hecho que sienta una especial empatía por las mujeres. Y no solo eso: Zayn es el segundo de los hermanos en edad y según dicen, los niños «del medio» tienen una gran capacidad de sentir empatía y también tienden a desarrollar mucha sensibilidad con respecto a las necesidades de los demás. El hecho de ser el del medio también significa que Zayn tiende a defender a los débiles o los desvalidos. Todos estos hechos —junto con su apostura y su éxito— lo convierten en un pretendiente ideal.

Pero ¿qué clase de chico era y cómo fue su infancia? Uno de sus primeros recuerdos es una excursión al parque de atracciones con su madre y su abuela. Para Zayn —que por entonces tenía tres años— supuso una experiencia memorable: las luces, el ruido y la animación del ambiente le causaron una gran impresión. Aunque en su casa Zayn adoraba ser el centro de atención, durante esa excursión lo que sucedía en torno a él cautivó toda su atención. Al ser una celebridad, durante la mayor parte del tiempo hoy su vida es vistosa, ajetreada y estimulante... un poco como si viviera en un parque de atracciones permanente, podríamos decir.

Asistió a la escuela primaria Lower Fields, situada en la avenida Fenby de la ciudad de Bradford. El lema de la escuela es «Compartir la visión, alcanzar el éxito». Mientras asistía a la escuela empezó a desarrollar la pasión que acabaría por lanzarlo a la fama mundial.

—Siempre he adorado cantar —dijo.

Durante los años transcurridos en la primaria, Zayn hizo su primera aparición en público como miembro del concierto coral dedicado al alcalde, celebrado en la sucursal de Bradford de la cadena de supermercados Asda. También participó en obras teatrales.

John Edwards, el director de Lower Fields, dijo acerca de su antiguo alumno hoy famoso:

—Recuerdo que era un muchacho agradable, estudioso y sobre todo recuerdo su papel protagonista en la «obra» interpretada por los alumnos del sexto curso.

Zayn pasó muchos buenos momentos en la escuela. Sin embargo, al ser el hijo de un matrimonio mixto, sus primeras experiencias en la escuela también supusieron un desafío.

—En mis dos primeras escuelas casi sentía que no encajaba debido a que era el único chico de la clase cuyos padres eran de razas distintas —afirmó en el libro titulado *Dare to dream: Life as One Direction* (Atreverse a soñar: la vida como miembro de One Direction). Ello hizo que se sintiera incómodo y que acabara por asistir a otra escuela donde no se distinguía tanto de los demás. Fue allí donde comenzó a fijarse en las chicas. La primera vez que le dio un beso a una chica, Zayn descubrió que debía improvisar para que el morreo funcionara.

—Tenía unos ocho o nueve años. (En otro lugar también dijo que quizá tuviera diez.) Recuerdo que la chica era más alta que yo y que estábamos al aire libre, así que tuve que subirme a un ladrillo para ponerme a su altura. Eso es lo que más recuerdo de mi primer beso.

Al tiempo que se convertía en adolescente, Zayn tomó cada vez más consciencia de los encantos del bello sexo, incluso los de las féminas célebres.

—La primera celebridad de la que me enamoré fue Megan Fox —confesó—. Consideré que tenía un aspecto muy excitante cuando la vi en la película *Transformers*.

No es ninguna coincidencia que en aquella época Zayn empezara a cuidar su aspecto; habida cuenta de que había comenzado a apreciar a las chicas bonitas, quería ser lo más guapo posible. Dicho lo cual, hemos de reconocer que la atención que le presta a los detalles supera la de la mayoría de muchachos de su edad.

El «vanidoso Zayn» estaba perfectamente dispuesto a sacrificar media hora de sueño por la mañana con el fin de perfeccionar su aspecto y su peinado según sus estándares sumamente exigentes. Quizás el hecho de vivir rodeado de mujeres fue la causa por la que presta tanta atención a su aspecto. De niño, quien le cortaba el pelo era su padre y a menudo fue él quien le ayudaba a Zayn a perfeccionar su presencia por las mañanas. Toda esa atención prestada al aspecto de Zayn mereció la pena: tenía una pinta estupenda.

A medida que tomó mayor consciencia de la presencia de las chicas, Zayn experimentó con diversos «look» para tratar de llamar la atención de ellas y con el fin de descubrir su propia identidad. En cierto momento se afeitó la cabeza y también las cejas formando rayas: como fan del hip-hop y del *rythm and blues* intentaba encajar en el papel. Su objetivo general era parecer «cool» y «duro». En retrospectiva, se pregunta si alguna vez lo logró. Es verdad que capturó la atención de las chicas y a los quince años se hizo con su primera novia. Antes de volverse famoso, solo tuvo tres novias; a esas alturas, había desarrollado ciertos gustos básicos: el principal es que le agradan las chicas divertidas y con mucho carácter. Para Zayn dichas características son más importantes que el aspecto de la chica. Pero puede que algunos detalles de su vida romántica siempre permanecerán en secreto. Cuando le preguntaron en qué momento perdió la virginidad, Zayn dijo:

—Eso es algo que un caballero jamás diría.

Mientras tanto, su amor por el canto y la actuación aumentaron año tras año. Le encantaba la sensación que le provocaba interpretar un papel: hacía que se sintiera vivo y lo convertía en el centro de atención de todos; también le proporcionaba la manera de encauzar su enorme energía. Zayn era un niño tan lleno de energía que en cierta oportunidad Tricia lo llevó al médico con el fin de descubrir si había algo que lograra serenarlo.

En casa solía montar miniespectáculos ante su familia en los que entonaba canciones de artistas como Daniel Bedingfield. En aquel entonces el chico no lo sabía, pero uno de los fan más conocidos de Bedingfield era un tal Simon Cowell: el hombre que acabaría por cambiar la vida de Zayn.

Además de como cantante, Zayn descubrió que también tenía talento como actor. En el instituto obtuvo un papel en una producción de *Grease*. Debido a su físico menudo fue necesario crear un nuevo papel para él, puesto que era demasiado pequeño para interpretar al protagonista, tal como lo había hecho Louis en su propio instituto. Más adelante, Zayn participó en otras producciones, incluso en la alegre historia de gángsteres titulada *Bugsy Malone* —en la que obtuvo el papel protagonista— y *Arabian Nights*, una historia de aventuras fantásticas.

Averiguó que interpretar el papel de otro, de adoptar una nueva identidad, resultaba liberador y estimulante. Interpretar le producía un subidón tan intenso que a veces tardaba un rato en «bajar», relajarse y conciliar el sueño. Le ofrecía una experiencia temprana de algo que le ocurre a muchos artistas: el «subidón de la interpretación». Al menos contaba con nuevos amigos con los cuales compartir dicha experiencia. Trabó amistad con varios de sus compañeros actores y esa amistad aún perdura en la actualidad. Pese a su ajetreado programa, Zayn ha procurado no perder el sentido de la realidad ni el contacto con sus amigos de infancia: considera que esta es una manera fácil y positiva de conservar dicho sentido de la realidad.

Zayn no se ajusta a todas las características relacionadas con los niños «del medio». Por ejemplo: muchos expertos creen que, más que en el instituto, dichos niños tiene una mayor tendencia a sobresalir en carreras no académicas. Zayn se ha destacado en ambos. A los ocho años ya era capaz de leer como un adulto; también es un excelente artista, algo que cree haber heredado de su padre. Zayn posee once Certificados Generales de Educación Secundaria e incluso se presentó al examen de gramática con un año de antelación, en el que obtuvo un sobresaliente. Preguntó si podía volver a presentarse el año siguiente, con la esperanza de superar la nota. No se lo permitieron, pero tener que conformarse con un sobresaliente no es lo

Título original: *The One Direction Story*
Traducción: Irene Saslavsky
1.ª edición: enero 2014

© Michael O'Mara Books Limited, 2012
© Ediciones B, S. A., 2014
   para el sello B de Bolsillo
   Consell de Cent, 425-427 - 08009 Barcelona (España)
   www.edicionesb.com

Printed in Spain
ISBN: 978-84-9872-888-0
Depósito legal: B. 25.492-2013

Impreso por NOVOPRINT
         Energía, 53
         08740 Sant Andreu de la Barca - Barcelona

peor que puede ocurrirte. Decididamente, no se limita a ser una cara bonita.

Al haber nacido bajo el signo de Capricornio, se supone que Zayn es ambicioso y tiene sentido del humor, pero también tímido y reservado. Ha demostrado poseer todos esos rasgos, ciertamente. En ciertas situaciones ha maravillado a sus fans con su ingenio; no obstante, estos han notado que en otras se muestra menos dicharachero. Al echar un vistazo a su infancia, recuerda que a veces quería estar en primer plano y llamar la atención de todos, pero también otras en las que prefería ocultarse a solas en un lugar tranquilo. Estos contrastes convierten a Zayn en la persona enigmática y multidimensional que es y son dichas complejidades que le ayudan a ofrecer esa cualidad intangible pero crucial para todos aquellos que quieren ser artistas: el factor X.

Así que resulta obvio que era un candidato prometedor para participar en el concurso homólogo de jóvenes talentos del canal ITV. Tras destacar como estrella en el instituto Tong, postergó temporalmente sus clases del sexto curso con el fin de presentarse al casting de *The X Factor*. En una entrevista del periódico *Telegraph and Argus*, Steve

Gates, el subdirector del instituto, declaró lo siguiente:

—Zayn es un alumno modelo que descolló en todos los temas relacionados con el arte dramático, una de las asignaturas en las que el instituto Tong se especializa. Siempre interpretó papeles importantes en todas las obras producidas en el instituto.

El primero que sugirió que Zayn se presentara al célebre concurso fue un profesor de música del instituto Tong. Zayn tardó un tiempo en reunir el valor para presentarse a la prueba. En 2008, cuando tenía quince años —el mismo año en el que Liam Payne se presentó por primera vez y alcanzó la fase de los jueces especiales—, Zayn se hizo con una solicitud, pero no llegó a llenarla. Y lo mismo sucedió al año siguiente: el deseo de formar parte del espectáculo era intenso, pero los nervios superaron a Zayn. No dejaba de preguntarse si realmente poseía el talento necesario. Sabía que era muy guapo, pero se preguntaba si su voz era lo bastante poderosa y si tendría agallas para llegar hasta el final del concurso.

Por fin, en 2010, tomó la decisión, rellenó la solicitud, la envió y se presentó al casting. Sin embargo, incluso en aquel momento necesitaba que le dieran un último empujón. El día del casting volvió a cambiar de idea. Tras sus dudas se ocultaba el temor a ser rechazado y quiso quedarse en la cama. Finalmente fue su madre quien le dijo que se levantara y se presentara al casting.

—Estaba muy nervioso, pero ella me dijo que siguiera adelante y no desaprovechara mi oportunidad —recuerda Zayn.

Así que se presentó. Lo que sucedió después demuestra que la conocida máxima acerca de la vida en familia es correcta: Mamá sabe lo que es mejor para ti.

4

NIALL HORAN

Cuando One Direction alcanzó los primeros puestos de las listas de éxito estadounidenses uno de los primeros en felicitar a los chicos en Twitter fue Justin Bieber, el mismísimo rey del pop. Tras felicitar a todo el grupo, el joven galán canadiense envió otro tuit a la cuenta de Niall Horan donde ponía: «Los buenos de la peli siempre ganan, hermano.» Era un mensaje especialmente apto, porque no solo hace tiempo que Niall admira a Bieber: además, el joven irlandés es uno de los buenos en la vida real. Leal, simpático y muy ingenioso, Niall siempre ha proporcionado alegría a todos quienes se han encontrado con él. Bieber no es el único que lo aprecia, puesto que Niall no carece de admiradores encantados con sus continuas victorias.

Bien, ¿cómo fue la infancia irlandesa de ese chaval? Cuando le pidieron que describiera la familia Horan, tal vez quien mejor lo hizo fue el padre de Niall.

—Solo éramos gente normal —dijo.

Niall Timothy Horan nació el 13 de septiembre de 1993 y se crio en Mulligan, una ciudad situada en Westmeath, Irlanda. Es una ciudad pequeña y tranquila; según el propio Niall, allí los jóvenes no tienen mucho que hacer. Al fin y al cabo, los principales lugares de interés turístico son los lagos y estos —incluso los de una belleza deslumbrante— solo despiertan un mínimo de interés entre los adolescentes. Dicho lo cual, desde que adquirió fama internacional, Niall aún sigue siendo muy fiel a su ciudad natal y todavía considera que la mejor manera de pasar una velada es saliendo con sus íntimos amigos de Mulligan. Puede que allí no haya mucho que hacer, pero no hay nada como estar en casa y nada mejor que tus amigos de infancia.

A cambio, la ciudad está bastante orgullosa de Niall, algunos incluso sugirieron erigirle una estatua. Por otra parte, se enorgullece de ser irlandés y de hacer ondear la bandera de Irlanda en los escenarios de todo el mundo. Lo único que lo perturba y molesta son los comentarios acerca de Irlanda y los irlandeses hechos por personas ignorantes. Se ha quejado de que la gente no deja de preguntarle si le gustan las patatas, por ejemplo: una referencia a la Gran Hambruna Irlandesa (de la patata). Aunque hoy en día el trabajo de Niall lo lleva a viajar por todo el mundo y lleva una vida envidiable, aún considera que no hay nada mejor que su país natal. Tal como comentó Sean Cullen, su amigo de infancia, hasta en medio de la fama, el éxito y la atención que lo rodean, lo que más le gusta a Niall es reunirse con los amigos del lugar donde se crio.

—Adora regresar al hogar —dijo Cullen.

Durante los primeros cuatro años de su vida la familia de Niall vivió en el centro de la ciudad; más adelante se trasladaron a una urbanización de las afueras, pero poco después de la mudanza los padres de Niall se separaron. Fue un período muy penoso para él y toda la familia Horan. Sin embargo, Niall era joven cuando sucedió, así que su comprensión de las complejidades emocionales y prácticas de la separación fue escasa. Al principio vivió con su madre, pero luego fue a vivir con su padre, cuya casa estaba más cerca de la escuela a la que asistía Nyall. Entre sus primeros recuerdos está el de jugar en la calle con su hermano mayor y otros niños. Aquella época no siempre fue armoniosa para los hermanos, puesto que Niall era la personificación del hermanito menor. No solo era menor que su hermano, también era de estatura baja para su edad, lo cual solo incrementaba su aspecto vulnerable.

Pero eso no impidió que un día el valiente Niall golpeara a su hermano Greg con una paleta de ping-pong y le hiciera sangre.

De niño, uno de los juguetes predilectos de Niall era un pequeño tractor que solía conducir calle arriba y calle abajo, vestido de militar con un casco y un gran fusil de juguete. Entonces le regalaron un Scalextric por Navidad.

—Debo de haber tenido cuatro o cinco años cuando me regalaron ese Scalextric y quizá fue uno de los mejores regalos que jamás he recibido —declaró en *Capital Radio*.

Tenían pececitos de colores a los que les pusieron el nombre de *Tom* y *Jerry*, los personajes de historieta. Por desgracia, Greg los sobrealimentó y murieron: una experiencia muy triste para ambos. A medida que se hacían mayores a menudo las relaciones entre los hermanos eran tensas. Niall ha dicho que «se detestaron durante años», pero hoy ambos se aprecian mucho.

Otros recuerdos tempranos de su vida incluyen jugar con su tractor de juguete, viajar a Nueva York con la familia y llorar el primer día de clase, pero pronto cobró confianza y se convirtió en un alumno sumamente descarado. Era locuaz y divertido, y dice que «solía hablar mucho en clase», pero nunca tanto como para meterse en problemas, excepto en cierta ocasión cuando hizo novillos... y se metió en un problema considerable.

Sus asignaturas favoritas eran geografía y francés; la gramática y las mates le gustaban bastante menos. Las tareas para el hogar fueron un aspecto de la vida escolar que nunca aprendió a disfrutar. Uno de sus amigos más íntimos de la escuela era un chico llamado Nicky: trabaron amistad cuando Nicky se tiró un pedo durante una aburrida clase de geografía: el pedo rompió la monotonía de la clase. En aquel entonces, Nicky no podría haber adivinado la importancia de ese pedo, que condujo a una amistad duradera con una futura estrella del pop de fama internacional. Fue una erupción de consecuencias considerables.

Mientras tanto, el amor que Niall sentía por la música —la herramienta que lo volvería famoso— no dejaba de aumentar. Poco después de empezar a asistir a la escuela aprendió a tocar la armónica, y su talento musical siguió desarrollándose a partir de allí. La primera persona que notó que tenía una buena voz fue la señora Caulfield, su profesora de canto de la escuela primaria. Tras oír su bonita voz cantando villancicos en Navidad lo apuntó en el coro de la ciudad. Tenía ocho años y su familia también empezó a notar su talento como cantante y lo mucho que le gustaba cantar. En cierta ocasión, durante un viaje en coche con su tía a través del condado de Galway, Niall estaba sentado en el asiento de atrás del coche entonando una canción de Garth Brooks. Cantaba tan bien que su tía le dijo que creyó que tenía la radio encendida y, a partir de ese momento, se convenció de que su sobrino se convertiría en una estrella del pop.

Niall recuerda que de niño Michael Bublé, el

cantante de fama mundial, también sufrió una experiencia similar en un coche. Como adora investigar las carreras de otros artistas, la coincidencia entusiasmó a Niall. Jamás hubiera sospechado que un día conocería a su héroe. Además de sentirse inspirado por la carrera de Bublé, Niall también estudió la música y la vida de Frank Sinatra. Ha dicho que sin el ejemplo proporcionado por Sinatra, él no se hubiese convertido en cantante. Resulta conmovedor recordar que Niall, un joven que ahora inspira a tantas personas, a su vez fue inspirado en el pasado. Hace tiempo que sueña con cantar un dúo con su admirado Justin Bieber... y habida cuenta de en quién se ha convertido Niall, dicha perspectiva no parece muy improbable. Dos años después de incorporarse al coro de la ciudad el amor de Niall por el canto y la interpretación alcanzó un nivel más elevado.

—Siempre he cantado y entonces, cuando tenía unos diez años, interpreté el papel de Oliver en una obra que montaron en la escuela y siempre recuerdo cuán feliz me sentí encima del escenario —dijo.

Además de cantar y actuar, también estaba aprendiendo a tocar la guitarra y sus rasgueos se han convertido en un elemento fundamental del lugar que ocupa en One Direction. Tenía doce años cuando empezó a aprender a tocar el instrumento.

—Aprendió a tocar gracias a internet —recuerda Robert, su padre.

Una vez que su voz y su técnica para tocar la guitarra aumentaron, participó en algunos concursos. Entre las canciones que entonaba se encuentran *I'm Yours* de Jason Mraz, *Last Request* de Paolo Nutini y *The Man Who Can't Be Moved* de The Script. A veces participaba en los concursos junto a su amigo Kieron, que acompañaba las melodías entonadas por Niall tocando la guitarra.

Formaban un dúo impresionante. El primer concurso en el que participaron se celebró en su ciudad. Los medios del lugar tomaron nota de la presencia de Niall —que en aquel entonces tenía trece años— y fue la primera vez que saboreó las mieles de la publicidad cuando aparecieron artículos y fotografías protagonizadas por él. Ver su nombre y su cara impresos resultaba extraño pero estimulante y, al ver la reacción de su familia y sus amigos, se sintió realmente orgulloso. Ganó el siguiente concurso al que se presentó; había cantado

With You, la canción de Chris Brown. La victoria le proporcionó la confianza necesaria para creer que podía tener un futuro como cantante profesional. Los medios volvieron a publicar artículos sobre él tras su participación en un espectáculo regional tipo *Stars In Their Eyes*, celebrado en el Centro de Arte de Mulligan. Disfrutó de la experiencia y su confianza en sí mismo iba en aumento. Se preguntó si su tía tendría razón y si estaría destinado a convertirse en un ídolo del pop, como sus héroes.

Pronto empezó a actuar en directo como telonero, como en cierta ocasión en 2009, cuando actuó antes que Lloyd Daniels, el finalista de *The X Factor*. La experiencia del joven galán durante el concurso impresionó a Niall y le dijo al joven galés que él también pensaba presentarse. Más adelante, Daniels afirmaría que lo había alentado a concursar, pero eso no concuerda con el recuerdo de Niall: según él, el angelical Daniels no mostró el menor entusiasmo por su plan.

Además de cantar, Niall adoraba escuchar música y uno de sus grupos predilectos era Westlife. También se convirtió en fan de Justin Bieber y adora a los Jonas Brothers.

—Son leyendas —declara.

Mientras disfrutaba de su música, no sospechaba que un día conocería a ambos y pasaría a emular su enorme éxito.

La vida amorosa de Niall ha sido menos ajetreada que la de algunos otros miembros de One Direction, pero ha tenido varios escarceos con el sexo opuesto. Compartió su primer beso a los once años, con una estudiante de intercambio francesa que se alojaba en la casa de la familia de uno de los amigos de Niall.

Se enamoró de diversas celebridades femeninas, incluida Jennifer López.

—¿Quién puede resistirse a ese trasero? —se ha preguntado en voz alta.

También tuvo una novia a los trece años, pero dijo que no fue una relación seria ni duradera.

—En realidad no he salido con muchas chicas —declaró en la revista *OK!*—. Lo que más me gusta es quedarme en casa tranquilo y ver una peli —añadió.

Otros momentos memorables de la infancia de Niall incluyen partidos de fútbol en la cancha de la escuela y una colección de peinados que hoy recuerda con espanto. Bueno: ninguno de esos pasatiempos le hizo daño a David Beckham, ¿verdad?

En cuanto a Niall, sus padres lo describen de manera sucinta.

—Es un muchacho alegre y desenfadado, y estoy segura de que está completamente dedicado y centrado en cantar —dijo Maura, su madre—. Cantaba a la hora del desayuno, del almuerzo y de la merienda.

Y Niall casi siempre es alegre y desenfadado; pocas cosas alteran su carácter relajado. Pero una de las cosas que sí lo hace son las palomas: las detesta tras sufrir una experiencia espeluznante cuando estaba orinando.

—Las aborrezco. Una vez, cuando estaba en el baño orinando, una paloma entró volando por la ventana y me atacó. Con eso bastó para odiarlas. Creo que me han convertido en su objetivo —le dijo al periódico *Sun*.

Bueno, ¿por qué habrían de ser diferentes de los millones de fans de One Direction?

En cuanto a Robert, su padre, este dice que de niño Niall había mostrado indicios de tener talento para otros aspectos de la industria del espectáculo.

—Siempre sintió interés por el mundo del espectáculo —le dijo al diario *Irish Independent*—. Además de cantar, de niño siempre se dedicó a imitar a los demás. Es genial: si no se hubiera convertido en cantante, podría haber sido un cómico maravilloso. Es capaz de imitar cualquier dialecto.

Niall suele ser el más divertido de los One Direction y el que tiene más sentido del humor. Sus gracias son una característica duradera del descarado muchacho. Cuando el grupo está de gira, trabajando duro, el ingenio de Niall los anima.

Pero cuando resulta necesario, Niall puede ser muy serio. No os dejéis engañar por su rostro descarado: una férrea ambición embarga su alma. Incluso cuando se presentó al casting de *The X Factor* e inspirado por el éxito de Joe McElderry, el ganador adolescente, parecía presentir que llegaría lejos. Tanto que aunque salía con una chica que le parecía «maravillosa», decidió romper con ella poco antes de presentarse al casting, puesto que consideró que su vida estaba a punto de cambiar de un modo espectacular.

—Tenía que centrarme en mi carrera —dijo.

Maura, su madre, ha hablado de esa chica y de su relación con Niall.

—Tenía una novia desde la época de la escuela, antes de presentarse al casting de *The X Factor* —le dijo al diario *Herald*—. Pero entonces él se presentó y ella estaba estudiando para los exámenes, y hoy en día sus vidas son muy diferentes. No sé si cuando viene a casa la ve con frecuencia; era preciosa, pero en aquel entones solo tenían dieciséis años: a esa edad ninguna relación es muy duradera.

Que haya puesto punto final a la relación demuestra que Niall no se presentó al casting de manera casual: se lo tomó muy en serio. Dicho lo cual, hemos de reconocer que fue lo bastante listo para desarrollar otros planes a los que recurrir en caso de no tener éxito en el concurso. Como hacía poco que había superado los exámenes de los Certificados Generales de Educación Secundaria (título de bachiller) en la Colaiste Mhuire, planeaba asistir a la universidad para estudiar ingeniería civil. Sin embargo, es improbable que ponga en práctica dicho plan en el futuro inmediato. Hoy en día, el chico bueno del pop tiene cosas más importantes que hacer.

5

LIAM PAYNE

Si hay una característica que ha dado forma a la vida de Liam Payne, esa es la determinación... y no cualquier clase de determinación sino una resolución sólida y valiente. Cuando llega el momento, Liam es capaz de divertirse y derretir corazones, pero nunca permite que un escollo se interponga en el camino hacia sus objetivos. Menos mal, porque al igual que muchas otras estrellas tuvo que superar diversos contratiempos en su viaje a la cima. El más importante y el que supuso el mayor desafío fue que, según sus propias palabras, «nací prácticamente muerto». Los médicos tuvieron que esforzarse para salvarlo: un principio escasamente alentador. Era un bebé prematuro que llegó al mundo el 29 de agosto de 1993, tres semanas antes del plazo, y que después sufrió problemas de salud de todo tipo durante los primeros cuatro años de su vida. El más importante consistió en haber nacido con un único riñón sano, algo que le ocurre a una de cada setecientas cincuenta personas y genera una serie de complicaciones para el afectado.

Cuando nació, los médicos no lograron hacerlo reaccionar y temieron que había nacido muerto. Afortunadamente, sobrevivió a esa dramática llegada al mundo, pero durante varios años se vio obligado a acudir al hospital de manera regular. Al principio, los médicos no lograban descubrir por qué no dejaba de caer enfermo y Liam entraba y salía del hospital donde lo sometían a pruebas y lo examinaban al tiempo que los médicos procuraban descubrir el problema. Por fin, tras varios años de exámenes, los médicos descubrieron el problema renal. Aunque al igual que la mayoría de las personas Liam tiene dos riñones, solo uno funcionaba correctamente y durante los años en los cuales el riñón afectado pasó inadvertido su estado se deterioró hasta tal punto que no había esperanzas de salvarlo y convertirlo en un órgano sano.

Una vez Liam tuvo que someterse a un tratamiento que hubiera bastado para provocar la desesperación de cualquier chico. Pasó por una etapa en la que de mañana y de noche le ponían nada menos que treinta y dos inyecciones en el brazo. Debe de haberse sentido como un alfiletero mientras se sometía a ese tratamiento doloroso y prolongado. Como recuerda cualquiera que de niño sufriera un tratamiento médico complicado, el deseo de que este llegara a su fin y pasara a formar parte del pasado era muy intenso. Más que nada, el niño solo quiere ser normal, como los demás niños. Pero a pesar de ello, Liam logró conservar el buen humor casi todo el tiempo y su madre recuerda verlo bailar a través del salón al compás de la banda sonora de *Noddy*, un programa de televisión infantil.

Con el tiempo, la frecuencia del tratamiento se redujo y la vida de Liam se volvió más normal. Le informaron que debido a su problema renal era muy importante que llevara una vida sana; debía evitar beber demasiado líquido, por ejemplo, e incluso racionar la ingesta de agua. Se tomó muy en serio los consejos de los médicos y el legado de dichos consejos ha supuesto un factor importante en todo lo que le ocurrió a partir de entonces: significó que, en mayor medida que la mayoría, Liam se centró en llevar una vida larga, sana y exitosa.

La primera escuela a la que asistió fue la Collingwood Infants School, situada en la calle Collingwood, en Wolverhampton. Muy pocos de los que asistieron a esa escuela en la misma época olvidarán a Liam, puesto que a los escasos días de llegar se metió en considerables problemas. No dejaba de entrar y salir del despacho de la directora tras cometer una serie de travesuras, incluida una pelea con cubos de agua. También se encaramó al techo para recuperar las pelotas de fútbol lanzadas hasta allí por arietes excesivamente entusiastas. Aunque podía ser alegre y juguetón, Liam prestaba mucha atención en clase. Una de sus asignaturas predilectas eran las ciencias.

Mientras asistía a la escuela primaria también empezó a desarrollar un amor por la música y el canto... un amor que acabaría por modificar su vida para siempre. La primera vez que Liam actuó en público solo había cumplido los cinco.

—Siempre me gustó cantar, es algo que he hecho todo el tiempo desde que canté acompañando a una máquina de karaoke cuando estaba en un campamento de vacaciones y tareé las palabras de *Let Me Entertain You*, la canción de Robbie Williams —diría más adelante.

Aunque desafinó un poco al acompañar la voz de Robbie, Liam disfrutó de la experiencia —y del aplauso que cosechó— e hizo que quisiera seguir desarrollando la voz. A su madre sus imperfecciones no le causaron ninguna preocupación: estaba tan orgullosa que filmó la actuación. Liam también ha mencionado otra ocasión en la que cantó acompañando un karaoke y donde interpretó *I Believe I Can Fly* de R. Kelly.

Liam recibió mucho afecto en su hogar. Geoff, su padre, y Karen, su madre, también tenían dos hijas: Nicola y Ruth, ambas mayores que Liam y a las que también les gusta cantar. Nicola es la mayor y para Liam suponía una figura de autoridad casi parental. Liam es el que nació en último lugar; hay expertos que han estudiado el efecto de dicha circunstancia en los niños y han identificado una serie de características comunes entre los niños nacidos en último lugar, entre las que se encuentra una tendencia a ser encantadores y un gran deseo de ser el centro de atención. Dichos niños a menudo son muy creativos, pero menos ambiciosos y organizados que los demás. También parece que son rebeldes y dispuestos a correr riesgos.

¿Cuánto de ello podemos observar en Liam? No cabe duda de que es un chico encantador que complementa su apostura física con un atractivo y un carisma que proviene del fondo de su alma. En cuanto a querer ser el centro de atención, en su caso este deseo solo es parcial. Es evidente que le encanta encontrarse bajo los focos del escenario y ante las cámaras de televisión; sin embargo, en lo cotidiano puede ser un tanto tímido e introvertido. Hoy muchos lo han identificado como «el tranquilo» del grupo. ¿Acaso también es rebelde, creativo y arriesgado? Veremos que sí lo es. No obstante, una de las características de los nacidos en último lugar no se aplica a Liam en absoluto, porque es muy ambicioso. Más que cualquier otro miembro de One Direction, Liam tiene un objetivo claro en el cual se ha centrado durante varios años.

De hecho, es tan ambicioso que ha tenido más de una meta en la vida y, antes de dedicarse a la música, consideró muchas otras carreras; más de una estaba relacionada con el deporte. Trató —y fracasó— en el intento de formar parte del equipo de fútbol del instituto así que en cambio optó por el jogging. Su primer intento consistió en una carrera de cross y, para felicidad de Liam, descubrió que le gustaba correr; además ganó la carrera.

Esa agradable sensación se volvió temporalmente amarga cuando lo acusaron injustamente de hacer trampas. Había competido con uno de los mejores atletas de la región y los espectadores se quedaron boquiabiertos cuando Liam, un recién llegado, logró derrotarlo. A la semana siguiente, Liam volvió a desafiar al mismo corredor y lo derrotó una vez más, así que no quedaba ninguna duda acerca de su talento y se convirtió en un corredor fanático con mucha rapidez. Adoraba todo lo relacionado con las carreras: la sensación de libertad al aire libre, el hecho de que correr lo mantenía en forma, la sensación de alcanzar un logro y el subidón que sentía al final de una carrera. Se hizo socio del Wolverhampton and Bilston Athletics Club. Correr lo apasionaba y a menudo se levantaba a las seis de la mañana para correr seis millas antes de ir al instituto; también corría un par de millas más al final de la tarde.

Todo ese entrenamiento mereció la pena. Cuando cumplió los doce, Liam se había convertido en un corredor tan consumado y exitoso que lo incorporaron al equipo de los menores de dieciocho años del instituto, donde él —que ni siquiera era un adolescente— competía exitosamente con dichos muchachos. Liam también siguió compitiendo en su club y durante tres años ocupó uno de los tres primeros puestos del grupo de su edad en las carreras de 1.500 metros. Tal como diría el propio Liam, esos logros eran «asombrosos». En un momento dado estuvo a punto de formar parte del equipo de corredores de Inglaterra. Es muy posible que, de haberlo logrado, no lo conoceríamos como un miembro de One Direction sino como uno del equipo de Gran Bretaña en las Olimpíadas de Londres de 2012.

Correr solo era uno de los deportes que Liam practicaba. Gracias a las vacaciones regulares en Estados Unidos, se había convertido en un aficionado al baloncesto. Se incorporó a un equipo de la localidad, pero pronto se convirtió en el objetivo de unos chicos mayores que le envidiaban su elegante uniforme estadounidense. Sin embargo, el acoso fue más allá de unos comentarios desagradables y Liam se asustó tanto que se lo contó a su familia. En aquel entonces, una de sus hermanas salía con un antiguo boxeador y los padres de Liam le sugirieron que también aprendiera a boxear, para que en el futuro los matones se lo pensaran dos veces antes de meterse con él.

Con frecuencia, se aconseja a las personas con problemas renales que eviten los deportes violentos, pero Liam recibió el permiso de aprender a boxear. Cuando llegó al club de boxeo fue como si lo arrojaran a la parte más profunda de la piscina: uno de sus primeros encuentros, cuando solo tenía doce años, fue con un entrenador de treinta y ocho. Con razón sus primeras visitas al club supusieron una experiencia tan aterradora para él. A menudo regresaba a casa intimidado y cubierto de moratones; incluso le rompieron la nariz y sufrió una perforación del tímpano. Pero no dejó de asistir: casi siempre asistía tres veces a la semana.

Pero aparte de aprender a boxear también estaba logrando lo que se había propuesto: tener confianza en sí mismo. Durante un tiempo, los matones siguieron acosándolo y un día incluso lo persiguieron calle abajo. Eran unos auténticos cobardes: eran mayores que Liam y actuaban en manada. Cuando por fin Liam perdió la paciencia, peleó con uno de ellos y, gracias al entrenamiento en el boxeo, salió victorioso. Más adelante se metió en muchos problemas en el instituto y una vez amenazaron con expulsarlo. Sin embargo, les demostró a todos que mangonearlo no resultaba fácil.

Otro deporte que le agradaba era el fútbol, como jugador y también como aficionado... a pesar de la desilusión causada por no formar parte del equipo del instituto. Tanto participando en partidos de fútbol durante el recreo como observando un partido del West Bromwich Albion en The Hawthorns, siempre ha sido un auténtico fanático de ese bello deporte. Cuando su equipo favorito ascendió, él y los demás aficionados irrumpieron en la cancha para celebrarlo.

—Fue un momento genial —recordaría más adelante.

También le agradaban las clases de educación física; de hecho, disfrutaba tanto de ellas que le sugirieron que se convirtiera en profesor de educación física, una opción que despertó cierto interés en Liam.

Este siempre parecía estar oteando el futuro: aunque adoraba la experiencia de ser un niño, no dejaba de pensar en el devenir. Entre otras carreras, consideró entrar como aprendiz en la fábrica de aviones en la que trabajaba su padre; se imaginó que sería como jugar con piezas gigantescas de Lego todo el día, pero su padre se apresuró a decirle que en realidad era un trabajo muy duro.

«A lo mejor podría convertirme en bombero», pensó Liam, haciendo gala de su desbordante imaginación habitual. Incluso puede que se preguntara si podría convertirse en un hombre de negocios. Tras ver la serie de la BBC titulada *Dragon's Den*, los empresarios que aparecen lo inspiraron hasta tal punto que inició una pequeña empresa consistente en comprar grandes paquetes de chuches y venderlos en el instituto obteniendo ganancias. No cabe duda de que los «dragones» de la serie hubieran estado impresionados: el joven Liam solía obtener una ganancia de unas 50 libras por semana.

De hecho, sus experiencias como empresario infantil le han proporcionado una idea fija acerca de cómo los jóvenes han de conducir sus vidas y también unas cuantas opiniones políticas.

—Los jóvenes han de permanecer en el instituto y obtener títulos —le dijo a *The Sunday Times*—. No pueden quedarse ahí sentados mano sobre mano, deberían salir ahí fuera y hacer que ocurran cosas. Vender lo que sea en eBay por ejemplo.

Liam no es el único miembro de One Direction que admira y está a favor de los jóvenes emprendedores. Harry también ha expresado opiniones similares.

—Deberían convertirse en empresarios, crearse un empleo, iniciar una empresa —dijo, refiriéndose a los jóvenes.

De niño, Liam probó diversos peinados, entre ellos un corte de pelo al cero, un corte dejando rayas en el pelo y uno que él denominó «una gran seta». Finalmente optó por el flequillo.

A medida que se hacía mayor empezó a notar el encanto de las chicas, y su primer beso fue a los once años.

—Fue una chica llamada Vicky, era preciosa —recordó—. Una chica fantástica... una pionera —añadió.

También recuerda a una chica de nombre Charnelle que solía enviarle cartas de amor; tenía dos años más que él y Liam consideró que al salir con ella era como si fuera un adulto. Ninguna de ellas sabía que se habían encontrado con una futura estrella que pronto enamoraría a todas las chicas del mundo.

Liam se enamoró de una chica llamada Emily y la invitó unas veinte veces antes de que ella le dijera que sí. Solo lo logró tras cantarle *Let Me Love You*, la canción de Mario.

—Al día siguiente me dio calabazas, porque la había presionado cantándole esa canción.

Puede que algunas fans se sorprendan al descubrir que antes de volverse famoso, Liam, hoy adorado por millones de chicas de todo el planeta, no tenía suerte en el amor. De vez en cuando, sus amigos le decían que cierta chica gustaba de él y, solo tras invitarla a salir, cuando ella le decía que no, comprendía que sus amigos le habían tomado el pelo.

—Era mortificante —afirmó.

Cuando un reportero de *The Sunday Times* le preguntó cuándo había perdido la virginidad, su respuesta juguetona y discreta fue la siguiente.

—No lo recuerdo.

Mientras tanto, la música seguía jugando un papel importante en la vida de Liam; *Let Me Entertain You*, aquel espectáculo de la escuela primaria, resultó ser el principio de su aventura amorosa con la música. Adoraba escuchar música y entre sus cantantes y grupos predilectos estaban Robbie Williams y Oasis, puesto que las letras de las canciones de estos últimos encajaban con su punto de vista respecto de la vida.

You've gotta make it happen (Has de hacer que ocurra), cantan los Oasis en uno de sus temas. Liam estaba de acuerdo.

Además de escuchar música, también disfrutaba cantando e ingresó en el coro del instituto durante el noveno curso; gracias a ello, Liam se acostumbró a cantar ante el público. Incluso establecieron un récord mundial cuando ellos y los coros de otras escuelas se unieron y entonaron la misma canción al unísono: *Lean On Me*, de Bill Withers.

La verdad es que no podía dejar de cantar: cantaba durante los viajes en coche con su familia y en casa se encajaba unos anteojos de sol, ponía uno de los CD de Oasis de su padre y los acompañaba. Liam demostraba su talento de actor imitando la postura de Liam Gallagher, el cantante principal del grupo: se llevaba las manos a la espalda e inclinaba la cabeza hacia atrás. Durante esos momentos procuraba imaginar cómo sería cantar en un concierto ante miles de aficionados fanáticos. Otro que inspiró a Liam es Usher, el cantante estadounidense, el hombre que ayudó a lanzar a Justin Bieber, con quien Liam sería comparado cuando inició su propia carrera.

Puesto que sus intereses eran diversos, a los doce años Liam se unió a un grupo de artistas llamado Pink Productions. Jodie Richards, la profesora del grupo, recuerda su encuentro con el futuro ídolo.

—Cuando Liam ingresó en el grupo era un chico tímido que quería cantar tras ver a sus hermanas actuando con nosotros —le dijo al periódico *Express & Star*. Nunca dudó de su talento pero consideró que necesitaba una dosis de confianza en sí mismo.

—¿Quién hubiera dicho que al Liam de hoy en día casi había que obligarlo a subir al escenario? Porque el hecho de que tuviera un talento natural resultó evidente casi de inmediato.

Luego añadiría que su confianza en sí mismo aumentó con cada espectáculo y que se atrevió a interpretar «algunas canciones importantes», y que en general era «un chico encantador» y que estaba muy orgullosa de haberlo conocido.

Liam siguió aprovechando todas las oportunidades de cantar karaoke que se le ofrecían. De hecho, tras actuar cantando karaoke en Estados Unidos, Inglaterra, España y Portugal, Liam casi había realizado una gira mundial mucho antes de la formación de One Direction. A través de dichas actuaciones y otras, Liam empezó a convertirse en un vocalista más consumado. Su voz mejoró y también su presencia en escena. (Entre todos los futuros miembros de One Direction, quien mejor se desempeñaría en el escenario durante la primera prueba para *The X Factor* en 2010 fue Liam). Su confianza en el escenario aumentó en los años siguientes gracias a dichas funciones.

Liam prestó atención al *feedback* recibido y perfeccionó su imagen. En 2008, la primera vez que se presentó al casting, sus amigos le tomaron el pelo, pero sin malicia. En el fondo, deseaban que tuviera éxito. A medida que la importante fecha se aproximaba, Liam se puso cada vez más nervioso: tenía tantas ganas de que todo saliera bien...

—La gente me dijo que era un buen cantante, así que decidí lanzarme y presentarme al casting del *X Factor*.

Dicho lo cual, para un chico que se convertiría en un ídolo internacional, es indudable que Liam había elegido un atuendo «interesante» para su primera actuación en televisión. Bajo un chaleco llevaba una camisa de una talla demasiado grande cuyo cuello le quedaba enorme. Los tejanos también eran demasiado amplios y tuvo que ajustarse el cinturón para que no se le cayeran. Aunque los espectadores no notaron que uno de sus zapatos estaba agujereado, ello solo sirvió para incrementar su incomodidad mientras hacía cola durante horas para poder cantar ante Simon Cowell, Cheryl Cole y Louis Walsh.

Pero no permitió que su extraño atuendo mermara su confianza y llegó a la sala del casting con aspecto muy tranquilo y seguro.

—Estoy aquí para ganar —les dijo a los jueces, desafiándolos desde el principio—. Muchos me han dicho que soy un buen cantante y que poseo el Factor X... pero en realidad no sé qué es y creo que vosotros, sí.

Esas supusieron unas primeras frases comedidas y astutas. En especial Simon Cowell admira a los ambiciosos, pero detesta a los ilusos o los desesperados. Liam había demostrado tener mucha labia. Después dijo que se sintió «un tanto nervioso» antes de empezar a cantar, pero luego el nerviosismo desapareció. Cantó *Fly Me to The Moon* marcando el ritmo haciendo chasquear los dedos y en un momento dado le guiñó un ojo a Cheryl Cole, quien le lanzó una sonrisa de aprobación.

En general, fue una actuación más que correcta. Cuando llegó el momento del veredicto de los jueces, la opinión que más interesaba a Liam era la de Cowell. Sentía mucho respeto por el juez principal y se moría por obtener su anhelada aprobación... y sabía que Cowell no te elogiaba así, sin más. El primero en hablar fue Cowell, dijo que Liam tenía «potencial» pero que al mismo tiempo carecía de «cierto coraje, cierta emoción». Cole dijo que Liam le agradaba y que, a diferencia de Cowell, estaba impresionada por su «carisma». Louis Walsh también estaba encantado con el chico.

—Creo que podría alcanzar el éxito —dijo el irlandés.

Entonces Cowell volvió a tomar la palabra y le dijo a Liam que era «un muchacho muy joven y apuesto, y que le gustaría a la gente», pero añadió que «de momento, aún echo en falta un veinte por ciento». Entonces Liam demostró su seguridad en sí mismo y, en vez de desmoronarse, estuvo a la altura de las circunstancias.

—Si permitís que vuelva a presentarme al casting os demostraré que poseo ese veinte por ciento —afirmó. Cole estaba visiblemente impresionada por su valiente respuesta, pronunciada con la mezcla adecuada de seguridad y comedimiento. Cuando llegó el momento de votar, los tres jueces dijeron «sí». ¡Liam lo había logrado! Abandonó la sala y recibió los abrazos de su familia.

Más adelante, Liam demostró su madurez cuando siguió tomando las críticas de Cowell con el mismo espíritu constructivo con el que fueron ofrecidas.

—El *feedback* de Cowell me proporcionó un punto de partida y eso es bueno —dijo.

Dado que algunos concursantes mucho mayores que Liam montaron un número y cogieron una rabieta cuando el tribunal los criticó, que él reaccionara con madurez lo hace digno de admiración.

La siguiente etapa de su viaje supuso la fase de entrenamiento del programa. Durante ese período, Liam tuvo la oportunidad de conectar con otros concursantes y su ambición instintiva le dijo que merecía la pena conversar con el mayor número posible. Resultó tener un don para establecer contactos e intercambiar información.

—La gente cree que se limita a ser un concurso de canto, pero es mucho más que eso —dijo al manifestar cuánto había disfrutado de toda la experiencia, sobre todo de la oportunidad de trabar muchas nuevas amistades.

Después cantó en escena ante los jueces y lo dio todo de sí mismo. Los jueces estaban impresionados.

—Muy convincente, muy profesional... y solo tienes catorce años —le dijo Walsh.

—Eres un ganador sorpresa —añadió Cowell, causando la sonrisa orgullosa pero avergonzada de Liam.

Luego los concursantes se reunieron para recibir la noticia de quiénes no habían superado el primer corte. Aunque muchos de ellos sentían una gran angustia mientras aguardaban el veredicto de los jueces, Liam declaró que él se sentía confiado.

Y una vez más, su instinto no le falló: había pasado a la siguiente ronda. Recuerda que ese día «estaba un poco más nervioso». Cantó *Your Song*, de Elton John. La interpretó con emoción y dramatismo, y también de manera un poco teatral porque quería que los jueces apreciaran el alcance de su talento y demostrarle a Cowell que había encontrado el «veinte por ciento faltante». Después de cantar, Liam tuvo que abandonar el escenario y dejar que los jueces decidieran su veredicto. Una vez que se marchó, Cowell les dijo lo siguiente a los otros jueces:

—Me gusta.

Dado el peso del veredicto de Cowell, los telespectadores que visionaron ese episodio consideraron que Liam pasaría a la última fase, la de los *judges houses*. Sin embargo, las cosas no resultaron ser tan sencillas y Liam sería víctima del primer giro inesperado del programa. Primero fueron llamando a los concursantes a escena en grupos, donde se pusieron en fila y escucharon cómo los jueces les decían si habían alcanzado la fase siguiente o si se irían a casa. Como siempre, los jueces lo convirtieron en un momento dramático. Uno de sus trucos predilectos consistía en decirles a los concursantes que «las noticias son malas» solo para —tras una pausa insoportable— acabar añadiendo lo siguiente:

—¡Porque tendréis que aguantarnos un poco más, puesto que habéis pasado el corte!

De pie junto a sus compañeros, Liam prestó mucha atención a las palabras de Cowell.

—Pase lo que pase, podréis marcharos con la cabeza bien alta —les dijo el juez principal—, pero las noticias son malas —añadió.

Incluso al abandonar el escenario, Liam se volvió hacia los jueces. Quizá confiaba en un giro inesperado de último momento. Pero entre bastidores lo invadió la consternación. Dijo que creyó que había hecho lo suficiente para pasar.

—Es como si me hubieran quitado algo —añadió.

Entonces los telespectadores vieron cómo los jueces cambiaban de idea sobre Liam.

—Os digo que creo que ese chico tiene una oportunidad —dijo Cowell y dictaminó que Liam pasaría a la fase siguiente—. Os aseguro que es la decisión correcta.

Los demás no tuvieron ningún inconveniente en aceptar su decisión.

Un productor se acercó a Liam y le dijo que los jueces querían que regresara al escenario; Liam estaba estupefacto. Había visto el programa con anterioridad y sabía que siempre incluían giros inesperados para darle mayor dramatismo. Aunque confiaba en que regresaba a escena porque le dirían que volvía a estar en el concurso, sabía que no podía contar con ello. Cuando Liam apareció en el escenario con aire un tanto intimidado, Cowell rompió el silencio.

—No suelo hacer esto muy a menudo: te has salvado por los pelos —dijo Cowell.

Entonces Liam lo interrumpió para hacer una última petición.

—Quiero llegar hasta el final, Simon.

—Lo sé —contestó Cowell—. Y la otra cosa que quiero decirte es que hemos cambiado de idea.

Liam estaba tan desconcertado y feliz que cayó de rodillas.

—Habría estado realmente loco si me hubiese ido a casa sin haber hecho esto —dijo Cowell.

Era asombroso: ¡Liam había sido «recuperado»! Ya había llamado a casa para informar que había perdido el concurso, así que cuando llamó por segunda vez para decirle a su familia que, de hecho, había superado la fase de los *judges houses*, al principio no le creyeron.

—Hablo en serio, ¡he superado el corte! ¡No estoy bromeando! —dijo.

Fue como pasarse el día en la montaña rusa. El momento en que sus compañeros lo vitorearon fue muy emocionante. No solo había conquistado a los jueces.

De creer que su trayecto en el *Factor X* había terminado, Liam pasó a descubrir que debía viajar a Barbados para cantar ante Simon Cowell y los otros jueces especiales. Sabía que lo esperaba un trabajo duro, pero también que si superaba esa fase pasaría a los programas en directo. Que el mentor de su categoría fuese su juez favorito solo aumentó la excitación de Liam. Los contrincantes de su categoría eran muy fuertes, incluido un chico irlandés de rostro pícaro llamado Eoghan Quigg y otros, como Austin Drage y Scott Bruton.

En Barbados, Cowell estaba acompañado por Sinitta, su compañera de hacía tiempo. Se presentó ante Liam y los demás chicos enfundada en un diminuto bañador dorado.

—¿Acaso no piensas vestirte? —preguntó Cowell.

Todos rieron y después llegó el momento de ponerse serios. Le preguntaron a Liam si estaba nervioso y él insistió que se encontraba muy bien: una vez más, demostró que era un chico notablemente maduro para su edad. Durante sus ratos libres en Barbados se dedicó a jugar con una pelota de baloncesto; consideró que tenía algo en común con Troy, el personaje interpretado por Zac Efron en *High School Musical*. Como Troy, Liam intentaba equilibrar su amor por el baloncesto con su amor por el canto.

—Básicamente, la historia de *High School Musical* es la mía —dijo.

Cantó la balada *A Million Love Songs*, de los Take That y su segunda canción fue *Hero*, de Enrique Iglesias. Vestido de blanco de la cabeza a los pies, era la personificación de una angélica estrella del pop. Cuando hubo acabado, Sinitta parecía estar loca por él.

—Lo adoro —dijo ella—. Tiene un rostro tan mono... y una vocecita bonita.

Tras la función, Liam dijo que estaba seguro de haber hecho todo lo posible.

—Me doy por conforme —dijo. Luego una larga noche aguardaba a Liam y a los otros concursantes. Tenían que quedarse sentados aparte y esperar, mientras que fuera del alcance de sus oídos Cowell y Sinitta redujeron los últimos seis concursantes a tres, que participarían en los programas en directo. Liam dijo que mientras esperaba se sentía como aturdido. Al reflexionar sobre lo que había soportado, dijo que a medida que superaba cada fase su deseo se había intensificado.

—No dejaba de pensar lo siguiente: quiero más, quiero más —dijo.

No obstante, entonces se produjo la decisión y Cowell dijo:

—Casi pareces una perfecta estrella del pop, Liam. He tomado una decisión, y me temo que las noticias no son buenas.

Una vez más, Liam trató de presentar argumentos en su favor, pero esa vez no hubo indulto: había perdido. Más adelante, Cowell le confesó a Holly Willoughby —la presentadora de *The X Factor*— que había estado a punto de no descalificar a Liam. Después, cuando Liam visionó el programa y descubrió cuán cerca había estado de triunfar, ello supuso un consuelo considerable; sin embargo le resultó muy difícil aceptar el rechazo. Regresó a casa y empezó de nuevo. Cowell le había aconsejado que tomara los exámenes del Certificado General de Educación Secundaria, siguiera perfeccionando su canto y regresara dentro de dos años. Liam se dispuso a hacerlo. Creó un sitio web para promocionarse y cantar en directo en todos los espacios que le ofrecieran.

No cabía duda de que había capturado la imaginación del público. Las colegialas se derretían por su apostura mientras que su voz y su determinación habían impresionado a muchos espectadores. El día posterior a la emisión de la fase de los jueces especiales fue invitado al programa matinal de Lorraine Kelly de la cadena ITV para comentar su experiencia en *The X Factor*.

—Bien, todo fue muy agradable hasta que sufrí una quemadura de sol en los pies —bromeó acerca de la visita a Barbados; añadió que procuró aplicarse bronceador en todo el cuerpo, pero que «nunca se le ocurrió» que los pies podían sufrir quemaduras.

Kelly le preguntó quién creía que podría ganar el concurso. La respuesta de Liam demostró su asombroso conocimiento del mercado del pop. Dijo que el grupo de chicos llamado JLS tenían grandes posibilidades de alcanzar la victoria.

—Hoy en día no hay un grupo negro y en el mercado existe un hueco para uno. Se parecen un poco a los Boyz II Men, así que tienen ventaja sobre los grupos internacionales.

Al final del concurso, los JLS acabaron segundos, pero el nivel de su éxito hizo que fueran considerados los ganadores de facto. Resulta asombroso que Liam, que entonces tenía quince años, hubiese evaluado su atractivo y sus posibilidades con tanta precisión y sabiduría.

Tras ser enviado a casa, la desilusión de Liam aún era palpable y resultaba imposible evitarla o pasarla por alto.

—Estuve a punto de conseguirlo... fue muy duro aceptar la derrota —le dijo a Lorraine Kelly.

Ella mencionó su gran confianza durante el concurso y él dijo que lo adscribía al hecho de que disfrutaba cantando, así que ¿por qué ponerse nervioso por algo que disfrutaba haciendo? Como a menudo ocurría con sus afirmaciones, se trataba de un comentario sensato. Dijo que «le encantaría» volver a presentarse al concurso en 2009. (Pero resultaría imposible porque en 2009 el límite de edad volvió a fijarse en los dieciséis años y él aún tendría quince cuando llegó la fecha límite crucial.)

No obstante, estaba decidido a regresar pronto y confiaba en que la próxima vez llegaría más lejos. Señaló que en 2008 George Sampson, el ganador adolescente del concurso *Britain's Got Talent*, tuvo que pasar por dos series del programa antes de salir airoso. Para Liam eso supuso un gran aliciente.

—Si he de hacer dos intentos, pues haré dos intentos —dijo.

Comparó su primera experiencia en *The X Factor* con las «tareas diarias del curso» y predijo que su segundo intento sería como un examen.

—Ahora todo lo que debo hacer —dijo, manifestando sus ganas de volver a intentarlo— es aprobar el examen.

Y lo aprobaría... con gran éxito.

6

¡ES HORA DE AFRONTAR LAS CONSECUENCIAS!

Desde que se emitió el primer episodio el 4 de septiembre de 2004, *The X Factor* ha sido objeto de numerosas controversias. La más reciente supuso enfrentarse a programas rivales que intentaron desbancarlo. Sin embargo, al menos en el momento de escribir este libro, sigue siendo el principal programa de concurso de talentos de Gran Bretaña y que además proporciona unos ingresos casi grotescos a todas las partes interesadas. Fiel a los momentos dramáticos que a Cowell, el jefe, le agrada generar en el propio programa, como franquicia ha tenido sus más y sus menos. En su haber ostenta tanto sonados fracasos como éxitos rotundos. Hoy en día de lo que más se enorgullece es de haber lanzado la carrera de One Direction.

Anterior a todo esto, el programa fue ideado, creado y lanzado por Simon Cowell. La primera vez que alcanzó la fama —y la mala fama— fue en *Pop Idol*, el reality show creado en 2001. Cowell, que con anterioridad era un desconocido en los círculos íntimos de la industria discográfica británica, no tardó en convertirse en el «señor Malo» del programa: sus palabras eran tan sinceras e ingeniosas que pronto se convirtió en la estrella del programa. Algunos lo detestaban por su sinceridad, otros lo adoraban... pero nadie hacía caso omiso de él. Tras dos temporadas en *Pop Idol* se convirtió en una celebridad nacional. A partir de entonces, su fama ha llegado a Estados Unidos donde sus comentarios hirientes en *American Idol* chocaron y deslumbraron a los telespectadores, más acostumbrados al optimismo implacable y a lo políticamente correcto.

Mientras tanto, en Gran Bretaña Cowell disfrutaba de su fama, pero también urdía la manera de llevar las cosas más allá. Se había vuelto famoso como juez en *Pop Idol*, pero su ambición económica no tenía límites, así que ideó *The X Factor*: una serie en la que no solo se dedicaría a juzgar sino también a convertirse en propietario y director del programa. Este ha lanzado la carrera de artistas tan exitosos como Leona Lewis, Alexandra Burke, G4, Olly Murs y JLS. Es verdad que también hubo algunos fracasos, como los de Steve Brookstein y Leon Jackson. Otros finalistas, tales como Joe McElderry, avanzaron a trancas y barrancas antes de alcanzar cierta fama y su éxito se debe tanto a su vínculo con el programa como a pesar de este.

Entre las numerosas e importantes diferencias entre *Pop Idol* y *The X Factor*, la más pertinente a One Direction es el hecho de que al segundo se pueden presentar grupos. Ello proporciona una nueva dimensión a *The X Factor*. Dicho lo cual, para los grupos la experiencia no siempre resultó cosa de coser y cantar. Dado que los concursos de televisión tipo reality están muy centrados en las historias a menudo dramáticas de los concursantes, para los grupos ha resultado difícil generar una intensidad similar en torno a ellos. Mientras que algunos grupos participaron en el programa con mucho éxito —sobre todo los arriba mencionados

G4 y JLS: ambos acabaron segundos en sus respectivas series— muchos descubrieron que fueron eliminados con gran rapidez una vez que comenzaron los programas en directo. No fue hasta el 2011 que un grupo resultó ganador: un grupo de chicas llamado Little Mix formado durante la serie y en presencia de los telespectadores. Los jueces y los productores opinaron que varias chicas que se presentaron al casting de manera individual funcionarían mejor como grupo. Esa fue precisamente la táctica que supuso la formación de One Direction.

En 2010, cada uno de los miembros del grupo se presentó al casting por separado. Como ya hemos visto, para algunos de ellos no suponía el primer contacto con el programa. Claro que quien mantuvo el vínculo más importante con el programa fue Liam Payne. En el capítulo anterior se estaba recuperando de los contratiempos sufridos en las series de 2008. Estaba encauzando dicha desilusión en algo positivo: un nuevo intento de convertirse en una estrella del pop. Aún quería ser el próximo Robbie Williams. Gracias a la fama —de momento un tanto reducida— alcanzada tras participar en *The X Factor* en 2008, disponía de un punto de partida. Pero todavía no había acabado con *The X Factor*: de hecho, estaba decidido a volver a presentarse al casting del concurso de talentos. Incluso la preocupación de algunos amigos y miembros de la familia —que temían que un nuevo rechazo acabaría por destrozar a Liam— no bastaron para hacerlo cambiar de idea.

Un periodista de un diario del lugar que entrevistó a Liam antes de presentarse al casting en 2010 describió el modo en el que había actualizado exitosamente su imagen. El periodista recuerda que «se parecía más a una estrella: llevaba camisetas rockeras de moda, tejanos ceñidos y un peinado muy estudiado». Liam había trabajado duro en el período entre ambos castings, tanto desde un punto de vista académico como musical. Se presentó a once exámenes del Certificado General de Educación Secundaria en el St Peter's Collegiate School y después pasó a estudiar tecnología musical en el campus del Wolverhampton College, situado en Paget Road. Gracias a su participación en los programas de 2008 de *The X Factor*, logró cantar en público varias veces; en cierta ocasión incluso ante 29.000 fans en el estadio Molineux, que alberga el campo del Wolverhampton Wanderers Football Club, durante el partido del equipo contra el Manchester United. Además, sorprendentemente y con bastante audacia, había nombrado a unos hombres que Liam describía como «representantes artísticos» para que guiaran su nueva carrera.

En 2010, tras hacer cola para volver a presentarse al casting, resultó lógico que seleccionaran a Liam para ser entrevistado y aparecer en pantalla. Muchos telespectadores recordaban haberlo visto durante la primera ronda y, en todo caso, *The X Factor* siempre ha recibido a un antiguo concursante con los brazos abiertos, porque su presencia incrementa la sensación de estar viendo un culebrón, un efecto que a Simon Cowell le gusta crear en el programa. Liam fue preguntado sobre su eliminación en Barbados.

—Creo que la decisión de Simon fue correcta, me ha dado tiempo de mejorar mi trabajo —dijo.

—A los quince años, actuar en directo hubiera supuesto un gran esfuerzo. Nunca había pisado un gran escenario, pero ahora tengo mucha más experiencia y le estoy realmente agradecido a Simon por ofrecerme esa oportunidad. Todo ocurre por un motivo. Ahora soy mucho más adulto y ya he actuado ante un público numeroso.

Sin embargo, no estaba negando que el rechazo supuso un golpe muy duro.

—Fue espantoso —declaró—. Ahora sé lo que se siente al ser rechazado.

Reconoció abiertamente que ese casting suponía una prioridad para él y dijo que había un hombre al que quería impresionar más que a ninguno, que un voto favorable de Cowell lo significaba todo para él. Y al primero que se dirigió al salir a escena fue Cowell.

—¿Qué tal estás, Simon, te encuentras bien? —preguntó en tono relajado—. ¡Hace mucho que no nos vemos!

Luego confirmó que se había presentado al casting por última vez hacía dos años y que después «logró abrirse paso hasta la casa de Simon en Barbados». Parecía muy sereno y confiado, pero en su fuero íntimo no estaba tan tranquilo. De hecho, más adelante escribiría que encontrarse en el escenario ante los jueces le pareció «un tanto extraño y surrealista». Le informó al tribunal que cantaría *Cry Me a River*. Cole supuso que se referiría a la canción de Justin Timberlake, pero tras unos segundos sonaron los primeros acordes del tema de Michael Bublé.

Al final de la canción el público y los miembros del tribunal se pusieron de pie y lo ovacionaron... y para su gran satisfacción incluso Simon Cowell se había puesto de pie, un acontecimiento poco común y muy significativo. Liam se quedó pasmado y, presa de la emoción, casi se echó a llorar en el acto. Después logró tranquilizarse y escuchar las palabras de los jueces. La primera en hablar fue Cheryl Cole.

—Sea lo que fuera «eso», tú lo tienes —le dijo, haciendo las delicias de Liam—. Y considero que tu voz es realmente muy poderosa.

Natalie Imbruglia, la juez invitada, estaba de acuerdo y dijo que Liam había estado «impresionante, muy muy impresionante» y añadió que los demás concursantes deberían «estar un poco preocupados».

—Me alegro muchísimo de que hayas vuelto —dijo Louis Walsh.

Tres de los jueces habían manifestado su aprobación. No obstante, la que realmente ansiaba obtener era la de Simon Cowell.

Walsh dejó la conversación en manos de Cowell y, en tono burlón, le recordó que ese era el chico al que antes había eliminado. Cowell confirmó que «hace dos años, cuando vino a mi casa, Liam no estaba completamente preparado» y añadió que le había aconsejado que regresara dos años después.

—Y acerté —dijo Cowell, en tono autosuficiente.

Entonces llegó el momento de que los jueces votaran «sí» o «no». Dada la ovación que le ofrecieron y los comentarios elogiosos, los telespectadores no dudaron del resultado. Sin embargo, para Liam no dejaba de ser un momento de gran satisfacción y reivindicación. Cada uno de los votos a favor de los jueces lo emocionó, y sobre todo el veredicto final de Cowell:

—Basado en tu talento absolutamente increíble —dijo—, te mereces un gran voto a favor.

Para Liam supuso un momento muy emotivo: la desilusión por el rechazo de 2008 desapareció de manera casi visible.

Luego regresó a los bastidores donde Dermot O'Leary, el presentador, aguardaba junto a los familiares de Payne.

—Estuviste absolutamente genial —dijo su madre. O'Leary, que recordaba la actuación de Liam de 2008, parecía tan feliz y orgulloso como los Payne.

—El chico se convierte en un hombre —le dijo a Liam, quien contestó que haber esperado dos años para volver a subir al escenario y cantar como cantó hacía que se sintiera muy bien. Estaba tan emocionado que dijo que la cara le dolía de tanto sonreír y que ni en sueños había esperado recibir una reacción tan abrumadoramente positiva por parte de los jueces. Había superado sus mayores esperanzas y pasado a la siguiente ronda.

—Fue asombroso —dijo—. Simon se puso de pie para ovacionarme y eso es lo más asombroso del mundo.

Tras el casting consideró su auténtica importancia de manera retrospectiva.

—Me cambió la vida por completo —dijo—. Si no me hubiera vuelto a presentar, quizás hoy estaría trabajando en una fábrica —añadió.

Aún le aguardaban más momentos emocionantes cuando se sentó junto a su familia en la casa de Bushbury para visionar la emisión televisiva del casting.

—Fue genial. Mi familia me apoya y todos están muy orgullosos.

Una vez superado el trance del casting juró dar lo mejor de sí mismo durante la siguiente fase del concurso; estaba preparado para superar la experiencia. Como hemos visto, en 2008 aprovechó la fase de entrenamiento del concurso para hacer amigos, sin sospechar que esta vez no solo se haría con cuatro nuevos amigos íntimos sino que acabaría formando un grupo con ellos.

Harry se presentó al casting en Manchester. Aunque ya había cantado en un escenario ante el público, aquello supuso una experiencia completamente nueva: cantaría en directo ante tres mil espectadores, las cámaras de televisión y también los jueces, por supuesto. Incluso al plácido Harry le aguardaba una experiencia potencialmente perturbadora, pero contaba con el apoyo de su familia y sus amigos, todos los cuales llevaban una camiseta donde ponía ¡CREEMOS QUE HARRY POSEE EL FACTOR X! En cambio Harry llevaba una camiseta blanca y larga y encima una chaqueta suelta gris y un pañuelo estampado en tonos verdes.

—La gente dice que soy un buen vocalista —le dijo Harry a O'Leary y, señalando a Anne, añadió—: la que suele decirlo es mi mamá.

—¡Y las madres siempre dicen eso! —fue el comentario de O'Leary. Harry manifestó su acuerdo.

—Lo que quiero hacer es cantar y si quienes pueden hacer que eso suceda no consideran que debo cantar, ello supone un revés importante para mis planes.

Harry reconoció que estaba «nervioso y excitado», y añadió que solo si los jueces le daban el visto bueno consideraría que realmente tenía talento. Numerosos amigos habían elogiado su voz, pero solo si los jueces también lo hacían acabaría por creer que sus amigos no estaban «mintiendo» con el fin de lograr que se sintiera mejor.

Mientras aguardaba su turno para salir a escena, Harry dijo que todo le parecía «surrealista»: la misma palabra utilizada por Liam para resumir la experiencia. Antes de salir a escena todos lo besaron y eso le pareció un poco «bochornoso». Incluso O'Leary hizo un comentario al respecto.

—¿Alguien más quiere darle un beso? —preguntó.

En el escenario parecía confiado y cómodo, y saludó a los jueces con un descarado «¡Hola!». Pero después reconoció que estaba hecho un lío; sin embargo logró convertir los nervios en energía y en un gran subidón. Cantó *Isn't She Lovely*, de Stevie Wonder, una canción adorada por Harry desde hacía años y que había practicado hasta cantarla a la perfección. A diferencia de la mayoría que se presentan al casting acompañado de *backing tracks*, Harry optó por cantar a *capella*: sin ningún acompañamiento musical. Al final recibió bastantes aplausos y, aunque en comparación con la reacción casi histérica provocada por Liam resultaran un tanto sosos, no dejaba de ser una reacción bastante positiva. Harry los agradeció con una reverencia pícara y sonriente: un orgullo fingido que ocultaba uno auténtico.

Tras escuchar el veredicto de Nicole Scherzinger, una de las juezas invitadas, tendría motivos para sentirse aún más orgulloso.

—Me alegro de verdad de que hayamos tenido la oportunidad de oírte cantar a *capella*, porque nos permitió apreciar que tu voz es muy buena. Por tener dieciséis años posees una voz excelente —dijo.

Harry, nada ajeno a los encantos de una dama elegante, le agradeció lanzándole una sonrisa un tanto seductora. El siguiente en tomar la palabra fue Louis Walsh. Puesto que era el hombre que guio las carreras de grupos de chicos como Boyzone y Westlife, para un joven cantante su veredicto tenía un peso considerable. Por desgracia, aunque este comenzó de manera positiva, incluía una cláusula adicional.

—Estoy de acuerdo con Nicole —dijo el irlandés—, pero considero que eres muy joven y que aún no tienes la suficiente experiencia y confianza.

Algunos miembros del público, que en su mayoría habían disfrutado con la canción de Harry, demostraron su disconformidad con el veredicto de Walsh en voz alta.

Cowell, siempre dispuesto a tomarle el pelo a su viejo amigo Walsh, aprovechó la oportunidad para decir:

—Un miembro del público acaba de decir «¡Tonterías!» y estoy absolutamente de acuerdo con él —dijo—. Porque el objetivo del programa es encontrar a alguien y da igual que tenga quince, dieciséis o diecisiete años. Creo que con algunas clases de canto podría ser realmente bueno.

Tras oír dichos comentarios Harry sonrió de oreja a oreja: los jueces aún debían pronunciar su veredicto final, pero ya había recibido la clase de reivindicación que había anhelado. Dicho lo cual, quería pasar a la fase siguiente, así que aguardó que el tribunal emitiera sus votos con gran ansiedad.

El primero en hablar fue Walsh, que estaba sentado a la izquierda.

—Voy a decir que no, Harry, y tengo mis motivos —dijo. Una parte del público reaccionó con perplejidad e indignación. Cowell los alentó a abuchear a Walsh a voz en cuello y Harry los imitó, pero brevemente y en voz baja: supuso una reacción muy diferente a la de petulancia de algunos, un instante de rebeldía juguetón y descarado. Para ser justos, podía darse el lujo de tomárselo con calma porque los otros dos jueces ya habían demostrado que votarían a su favor. De hecho, el voto negativo de Walsh no tardó en ser anulado gracias a los votos positivos de Cowell y Scherzinger.

—Me gustas, Harry —dijo Scherzinger, haciendo las delicias de Harry.

Luego diría que el momento en el que comprendió que había pasado a la siguiente fase fue el mejor de su vida. Lo había logrado y, cuando regresó junto a su familia, sus amigos y sus fans, que lo aguardaban entre bastidores, todos estaban muy excitados.

Harry estaba tan emocionado que cayó presa

de una extraña paranoia: creyó que la decisión cambiaría, pero eso no iba a suceder.

Harry no fue el único futuro miembro del grupo cuyo casting inicial dividió al tribunal: lo mismo ocurrió cuando Niall se presentó al casting en Dublín. Aquel día solo la adrenalina lo mantenía en pie, puesto que no había logrado conciliar el sueño la noche anterior. Sabía que era importante descansar cuanto fuera posible antes de enfrentarse a un día tan excitante y quizás agotador, pero no lo logró. Al final dejó de intentarlo y se levantó para prepararse. Llevaba una camisa a cuadros, tejanos y zapatillas deportivas; llegó al Convention Centre Dublin de madrugada, presa de la excitación y los nervios.

Al igual que Harry, antes del casting fue entrevistado ante las cámaras. Mencionó que lo habían comparado con Justin Bieber y añadió:

—No es una mala comparación.

Dijo que quería llenar estadios, grabar álbumes y trabajar con algunos de los mejores artistas del mundo y que el casting suponía el punto de partida de todo eso.

—Si hoy paso a la segunda fase... ¡hay partido! —dijo en tono desafiante.

Daba la impresión de poseer una gran confianza en sí mismo... casi descarada. Pero a decir verdad, todo lo que le sucedió después ha vindicado dicha confianza. Tras subir al escenario, saludó al público en tono atrevido.

—¿Todo bien, Dublín? —exclamó. Luego, dirigiéndose a Louis Walsh, añadió—: Hoy estoy aquí con el fin de convertirme en el mejor artista del mundo.

Entonces su compatriota preguntó:

—¿Acaso eres un Justin Bieber irlandés?

Niall contestó afirmativamente. Después intercambió unas bromas con Kate Perry, la juez invitada, y se quedó atónito al comprobar que era capaz de bromear con una cantante de fama internacional como ella. No podía sospechar que tras poco más de un año editaría su álbum de debut y que en el tema principal figuraría el nombre de Perry.

Cuando llegó el momento de iniciar el casting, cantó *I'm Yours*, el éxito de Jason Mraz. Simon Cowell, que a lo largo de los años recientes había oído a numerosos concursantes entonando dicha canción durante el casting, le dijo a Niall que era una elección perezosa y le preguntó si disponía de otra canción que podría interpretar. Niall contestó que sí y entonó *So Sick*, de Ne-Yo, algo que resultaba un tanto simbólico puesto que era una de las canciones que Justin Bieber había cantado en el concurso de talentos de Stratford Star que, indirectamente, lo volvió famoso. Niall la cantó de manera agradable pero no muy memorable. Durante la interpretación pareció mantener la vista clavada en la parte posterior de la sala, a diferencia de sus futuros compañeros de grupo quienes durante sus respectivos casting dirigieron su atención y su energía al tribunal.

¿Había hecho lo suficiente para impresionar al tribunal? Estaba impaciente por averiguarlo.

—¡Considero que eres adorable! Tienes carisma, solo creo que quizá debieras trabajar para incrementarlo; solo tienes dieciséis años: yo inicié mi carrera a los quince y no alcancé el éxito hasta los veintitrés —le dijo Perry a Niall.

Un veredicto ligeramente ambiguo, que hacía que resultara difícil predecir cómo votaría. También Cowell se mostró bastante ambiguo.

—Creo que no estás preparado, que elegiste la canción equivocada; no eres tan bueno como creías, pero sin embargo me gustas —le dijo a Niall, para quien descifrar dichas respuestas debe de haber resultado difícil.

¿Acaso Cheryl Cole le ofrecería una crítica más positiva?

—Sí, es obvio que eres delicioso —dijo la estrella del pop oriunda de Tyneside—: por ser un chico de dieciséis años posees un gran encanto, pero la canción te venía grande, chaval.

Todos los elogios que le proporcionaron a Niall parecían incluir un «pero».

El último juez en tomar la palabra fue Louis Walsh. Niall confiaba en que, al ser irlandés como él y un especialista en organizar grupos de chicos, tendría una mayor tendencia a apreciarlo.

—Creo que tienes algo —dijo Walsh—. Creo que gustarás a la gente porque eres simpático.

En la historia de *The X Factor*, ese veredicto debería figurar entre los más... excéntricos. Cowell inmediatamente se lanzó al ataque y, en tono sarcástico y desdeñoso, dijo:

—¿Así que gustará a la gente por su simpatía?

El público se echó a reír y Niall también.

—¿Por qué no te callas? —fue la respuesta irritada de Walsh.

Cuando llegó el momento de votar resultó difícil adivinar lo que diría cada uno de los jueces. El primero en hablar fue Cowell.

—Bien, votaré que sí —dijo.

Niall lanzó el puño al aire como si fuera un futbolista, se besó la mano y se persignó. Pero cuando Cole votó «no», cayó presa de la frustración. El pobre Niall parecía completamente destrozado. La siguiente en hablar debiera de haber sido Perry, pero Walsh se le adelantó.

—¡Yo votaré que sí! —exclamó. Para los concursantes es necesario que el veredicto del tribunal fuese por mayoría, así que un «sí» de Perry sería suficiente.

—¡Así que ahora necesita tres votos afirmativos! —exclamó Walsh en su exaltado tono característico.

Perry simuló que la amenazaban apoyándole un puñal en la garganta, indicando la presión a la que se veía sometida. Cowell, que observaba la dramática escena, estaba encantado: esos momentos de tensión le agradaban y se carcajeó ante el alboroto montado por Walsh.

Pero para Perry la situación resultaba bastante incómoda. Su corazón le decía que debía darle un voto afirmativo a ese chico encantador, pero su cerebro le decía que tenía la obligación de emitir un juicio íntegro.

—Solo quiero decirte que estoy de acuerdo con Cheryl: necesitas más experiencia y, dicho sea de paso, no basta con ser simpático. No es la simpatía la que vende discos, es el talento... y este está latente en ti.

Luego hizo una pausa impulsando a Walsh —que a esas alturas estaba casi tan nervioso como Niall— a rogarle que continuara. Perry tardó un instante más y después dijo:

—Claro que has pasado a la segunda fase.

Niall estaba tan emocionado que pegó un brinco y soltó un grito que, amplificado por el micrófono, hizo que su voz sonara mucho más grave que al cantar.

—No nos decepciones —le advirtió Perry cuando él abandonó el escenario. Después los miembros del tribunal siguieron hablando de él.

—Es encantador —dijo Cowell—. Tiene algo.

Retrospectivamente, el pedido de Perry de que no los decepcionara resulta conmovedor. No cabe duda de que Niall les dio motivos para enorgullecerse. Después de que su carrera con One Direction convirtió a Niall en un éxito en Gran Greta-ña, Estados Unidos y más allá, Perry le envió un tuit donde ponía: «¡Enhorabuena, no me has de-cepcionado!»

Los concursantes a menudo describen la experiencia de la participación en *The X Factor* como su «viaje». Aunque ello se ha convertido en un cliché horroroso —hasta tal punto que Cowell prohibió el uso de dicha palabra durante una de las series— y en algunos casos supone una verdad literal. Para Zayn, su «viaje» comenzó... con un largo viaje. Para llegar desde Bradford al lugar donde se celebraba el casting tuvo que ponerse en marcha a las dos de la madrugada y para prepararse para una partida tan temprana se había ido a la cama a las cuatro de la tarde del día anterior. Su tío lo acompañó a Manchester en coche donde, al igual que Harry, Zayn se presentó al casting y cantó a *capella*, sin acompañamiento alguno. Había decidido que cantaría *Let Me Love You*, el tema de Mario. Esta canción, un clásico del *rythm & blues*, ha cosechado éxito en diversos países. Mientras se preparaba para salir a escena Zayn estaba tenso, pero cuando llegó allí se puso aún más nervioso. El numeroso público resultaba intimidante y encima tenía que enfrentarse al siempre sincero Simon Cowell.

—Me llamo Zayn —le dijo al tribunal y después empezó a cantar *Let Me Love You*. Había ensayado esa canción muchas veces y consideraba que era idónea para su tipo de voz. Fue a por todas con la canción y su interpretación resultó ser lo bastante buena como para pasar a la siguiente fase. Walsh dijo que Zayn le gustaba y Scherzinger dijo que tenía algo especial. Cowell también manifestó su admiración pero añadió que consideraba que Zayn debiera ser más ambicioso. A esas alturas de su relación era una crítica justa. Con el tiempo, Cowell llegaría a apreciar que el aspecto un tanto plácido de Zayn ocultaba un espíritu muy ambicioso que ansía alcanzar el éxito y todo lo que este conlleva. De hecho, esa ambición no solo saldría a la superficie sino que aumentaría durante el transcurso del concurso. El escollo más inmediato que Zayn tuvo que superar fue la votación. Tanto Walsh como Scherzinger votaron «sí» y Zayn les agradeció a ambos con amabilidad. A esas alturas y gracias a dos votos positivos, ya había pasado a la fase siguiente, puesto que contaba con la mayoría del tribunal. Sin embargo, quería obtener el muy valorado voto afirmativo de Cowell y aguardó sus palabras con expectación.

—Votaré que sí, Zayn —dijo el juez principal.

Louis Tomlinson fue uno de los últimos concursantes en presentarse al casting del programa. Existe cierta superstición en torno a los últimos castings, puesto que en la primera serie de *Pop Idol* Will Young, quien acabaría siendo el ganador, fue el último cantante en presentarse ante los jueces. Algunos concursantes creen que cuanto más tarde se presentan tanto mayores son sus oportunidades. Al igual que Zayn, Louis tuvo que emprender viaje muy temprano para el casting: en su caso abandonó Manchester alrededor de medianoche, acompañado por su amigo Stan. Cuando llegaron a la Manchester MEN Arena durmieron un par de horas en el coche y empezaron a hacer cola a las 4 de la madrugada. Que los concursantes estén dispuestos a hacer cola durante tanto tiempo y tan temprano por la mañana resulta importante. Los críticos de los concursos de talento a veces se quejan de que *The X Factor* les sirve la fama en bandeja. Pero ¿cuántos de esos críticos podrían decir que han hecho cola durante horas y se levantaron a una hora absurda para acudir a una entrevista de trabajo? Nadie puede negarle a Louis su determinación.

En aquel entonces, cuando se presentó al casting, el aspecto de Louis era muy distinto. Para empezar, llevaba el pelo mucho más largo; hoy declara que la pinta de «salmonete» con la cual se presentó aquel día era «bastante horrorosa». En vez de llevar una camiseta a rayas —la que siempre lleva cuando se presenta como miembro de One Direction— llevaba una camisa, una corbata, una amplia chaqueta gris y tejanos. En cierto sentido, la imagen con la cual Louis se presentó al casting estaba a mitad camino entre un look Indie y la de un chico que visita a su abuelita para pedirle dinero. Sin embargo, por algún motivo funcionó.

Tras quedarse dormido mientras hacía cola solo para ser despertado bruscamente por otro concursante, Louis se encontró en la antesala de *The X Factor*, donde el tiempo suele pasar muy lentamente. Por fin apareció un miembro del equipo de producción y pronunció el número de Louis y de pronto, tras esa larga espera, todo empezó a suceder con mucha rapidez y Louis se encontró esperando junto al escenario. Entonces le dijeron que había llegado el momento y, cuando subió al escenario, de repente empezó a sentir cierto temor. Tal como escribiría en el libro oficial del grupo «se le secó la boca» y las palabras con las que se presentó «Me llamo Louis Tomlinson», demuestran cuán nervioso estaba. En realidad, su tímida sonrisa lo decía todo; no obstante, su nerviosismo tenía sus ventajas: cuanto más tímido parecía, tanto más encantador le resultaba a muchos de los telespectadores.

El primer tema que cantó fue *Elvis Ain't Dead*, de Scouting For Girls, una canción que se ha convertida en típica del animado sonido Indie del grupo. Sin embargo, antes de que Louis pudiera cogerle el ritmo Cowell lo interrumpió: consideraba que sería mejor que Louis interpretara otro tema. El segundo que había seleccionado era bastante menos intenso: *Hey There Delilah*, de los Plain White T's. Aunque en los meses venideros su elección le causaría un problema, aquel día bastó para conquistar a los jueces. Scherzinger mostró su aprobación incluso mientras estaba cantando, sonriendo y balanceándose al ritmo de la melodía.

Después de interpretarla, tanto Cowell como Walsh dijeron que tenía una voz «interesante» y Scherzinger hizo un comentario positivo acerca de su aspecto, pero, en general, todos consideraban que le faltaba confianza. Aunque después Louis lo ha adjudicado a que aquel día estaba agotado, no cabe duda de que solo adquirió confianza más adelante durante el concurso. Después se produjo la votación y, al igual que le sucedió a Niall, Louis no sabía qué le esperaba.

—Diré que sí, Louis —dijo Walsh; Scherzinger empleó las mismas palabras. ¿Acaso Louis obtendría el voto afirmativo de Cowell? Pues sí.

—Dispones de tres votos afirmativos —dijo el juez principal. Todos los miembros del futuro grupo habían pasado el casting.

Bien, ¿qué hemos descubierto sobre los miembros del grupo a partir de sus casting y sus reacciones a estos? Todos los chicos recuerdan que tenían un intenso deseo de obtener la aprobación de Cowell. Ello no resulta nada extraño: muchos concursantes de *The X Factor* reconocen que el veredicto que esperan con mayor ansiedad es el de

Cowell. Sin embargo, todos los chicos tienden a considerar a Cowell como una figura «familiar» y hasta cierto punto, Simon Cowell se corresponde con ella. El grupo no lo ve como a un hermano mayor sino más bien como un «tío» y pronto empezarían a llamarlo así.

Las cosas pintaban bien para los cinco chicos, pero se avecinaban momentos difíciles. Al final de la fase de entrenamiento los habrían eliminado del concurso, para volver a incorporarlos más adelante como grupo. Fue como montar en la montaña rusa: antes de saborear el máximo subidón, sufrirían un tremendo bajón.

—Primero los conocí como solistas —le diría Cowell a la revista *Rolling Stone*—. Individualmente, cada uno de ellos realizó un casting excelente. Teníamos grande esperanzas cifradas en dos o tres de ellos en particular y entonces todo se fue a tomar viento durante una de las fases posteriores.

En este punto merece la pena manifestar que en torno a la narrativa oficial de lo ocurrido durante la fase de entrenamiento se ha creado un cierto elemento «legendario». Según la narrativa oficial, los jueces dejaron de confiar en cada uno de los chicos durante dicha fase. Según dicen, solo tras enviarlos a casa los jueces y los productores consideraron que quizá los chicos podrían formar un grupo, pero resulta más probable que la decisión de formar un grupo de chicos fuera tomada con anterioridad.

La fase del entrenamiento se desarrolló en el Wembley Arena durante cinco días de julio de 2010. Un total de 211 concursantes habían aprobado el casting y desde el primer día de la fase de entrenamiento, el 22 de julio, resultó evidente que el procedimiento sería tan brutal como en las series anteriores. Cada una de las cuatro categorías: chicos, chicas, mayores de 25 años y grupos, tuvieron que preparar una canción distinta. Los chicos —incluido los futuros miembros de One Direction— tuvieron que preparar *Man in the Mirror*, de Michael Jackson. Este no tiene precedente como clásico del pop y así lo consideraban los chicos que debían cantarlo. (Las otras categorías también se enfrentaron a temas complicados: las chicas tuvieron que cantar *If I Were a Boy*, de Beyoncé; a los grupos les tocó *Nothing's Gonna Stop Us Now*, de Starship, mientras que a los mayores de veinticinco años les tocó *Poker Face*, de Lady Gaga).

Una vez que los jueces reunieron a todos los

concursantes, Simon Cowell les dijo lo que estaba en juego aquel primer día.

—Al final del día, la mitad de vosotros se marchará a casa. Hoy os incorporaréis a vuestras categorías y cantaréis una canción. Hoy no habrá segundas oportunidades.

Así que no era ningún milagro que aquel día resultara muy tenso y difícil. Comparado con los primeros casting en los que los concursantes podían cantar la canción que habían escogido, ahora se sentían artísticamente constreñidos y sometidos a una presión cada vez mayor... que era precisamente lo que los jueces y el equipo de producción querían que sintieran. En la fase de entrenamiento nunca se ha tratado de que aquellos fueran justos o simpáticos; es un viaje aterrador en el que impera la ley del más fuerte. Todos los años hay grandes sorpresas: algunos concursantes que parecían finalistas o incluso posibles ganadores durante los casting de pronto perdían el «*mojo*»: la inspiración, la chispa, el talento y eran eliminados tras una actuación pobre. Del mismo modo, algunos que a duras penas superaron el casting de repente lograban sacarse de la manga un talento y un carisma inesperados.

Los concursantes no son los únicos en causar sorpresa: también los productores, que suelen incluir una «complicación inesperada» para añadirle drama al asunto. En una de las ediciones, un grupo fue eliminado al principio de la fase de entrenamiento. Es de imaginar su pena y su desilusión al comprender que los enviaban a casa sin haber cantado ni una nota, por no hablar de toda la canción. Es evidente que el objetivo de dichos trucos es darle un matiz dramático al programa; sin embargo, algunos telespectadores se sienten incómodos: como mínimo, contemplar cómo juegan con los sueños y los sentimientos de las personas resulta cruel.

En 2010, el primer giro inesperado durante la fase de entrenamiento fue de un carácter menos brutal. No obstante, para uno de los futuros miembros de One Direction resultó bastante desagradable. Los cinco chicos estaban muy entusiasmados tras comprobar que su interpretación de *Man in the Mirror* bastó para pasar al segundo día de la fase de entrenamiento y aquella noche hubo muchas sonrisas, gritos de victoria y júbilo en sus habitaciones de hotel. Su confianza y su ánimo aumentaban con cada día que pasaba. Pero al día siguiente uno de ellos se sumió en un profundo desánimo cuando informaron a los concursantes no eliminados que aquel día la actividad consistiría en bailar, no en cantar.

Zayn no era el único a quien la idea le resultaba bastante incómoda y molesta. Varios concursantes se mostraron reacios a bailar, entre otros Mary Byrne, la cantante irlandesa, pero la reacción más extrema fue la de Zayn.

—No tengáis miedo —les dijo el coreógrafo Brian Friedman—, nos dedicaremos a mejorar vuestra presencia escénica y la coreografía.

Para Zayn, el intento de tranquilizarlo llegó demasiado tarde: estaba cabizbajo porque detestaba bailar y la primera vez que se presentaría ante los telespectadores en sus casas sería cuando emitieran esa fase del programa.

—Realmente no tengo ganas de hacerlo porque aborrezco bailar, nunca he bailado y me siento como un imbécil arriba del escenario rodeado de otras personas que bailan mucho mejor que yo... ¡No lo haré! —declaró ante una cámara entre bastidores.

»Cuando has de actuar ante Simon y unos profesionales que saben lo que están haciendo y cómo bailar, y también ante coreógrafos profesionales, pues no sé... —añadió, cada vez más nervioso.

En ese punto de la transmisión Cowell notó la ausencia de Zayn en el escenario, pero en realidad es más probable que los productores ya lo hubiesen puesto al corriente del problema: tuvo que esforzarse por recordar los nombres de los concursantes incluso en las finales de la serie, así que la idea de que se percatara de la ausencia de un único concursante en el abarrotado escenario resulta improbable. En todo caso, la situación añadió dramatismo al programa, algo siempre ansiado por los productores. También resultó ser un modo ingenioso de presentar a Zayn a los espectadores, cuyo primer casting no había aparecido en pantalla. Se vio a Cowell dirigiéndose a los bastidores en busca del chico ausente tras decirles a Louis Walsh y a Brian Friedman que continuaran con su tarea mientras él iba en busca de Zayn.

—¿Por qué no estás allí fuera? —le preguntó cuando dio con él—. ¡No puedes limitarte a esconderte! Estás estropeando tu oportunidad, Zayn; intento ayudarte, así que si ahora eres incapaz de hacerlo, jamás lo serás, ¿verdad? ¡Venga, hagámoslo!

Entonces regresaron al escenario y, cuando Zayn estaba a punto de subir, Cowell hizo un último comentario, una mezcla de discurso para levantarle la moral y de advertencia.

—¡No vuelvas a hacer eso! ¡Y ahora a por todas! —dijo.

Se estrecharon las manos y eso supuso la primera vez que Cowell le dio indicaciones a un miembro de One Direction, pero no sería la última. Una vez que Zayn empezó a bailar, el motivo por el cual trató de evitarlo resultó evidente; Cowell describió su desempeño como «poco afortunado». Por una vez, el temido juez se mostraba caritativo en vez de hiriente. Era obvio que en el caso de Zayn bailar no era lo suyo. Sin embargo, el hecho de que tuviera el valor de intentar algo que no se le daba bien impresionaría a Cowell y a los productores. No querían que alguien incapaz de soportar la presión pasara a formar parte del grupo, así que aunque en ese momento Zayn lo ignoraba, acababa de aprobar el primer examen.

—Me alegro por él de que lo hiciera —diría Cowell más adelante.

Los otros cuatro chicos procuraron bailar lo mejor que pudieron pero ninguno descolló.

(Desde arriba, de izquierda a derecha) Cinco solistas Niall, Harry, Louis, Liam y Zayn se convierten en un grupo. Ha nacido One Direction.

Los chicos rápidamente forjaron una gran amistad y no tardaron en desarrollar un estilo propio.

Superior: Deslumbrados por los fans, posan con Simon Cowell, su mentor que conducirá a los chicos hasta la final.

Inferior: Nicky Byrne y Shane Filan, miembros de Westlife, ofrecen apoyo a los chavales.

Superior: La acogida recibida sorprendió a los chicos.

Inferior: En el escenario del antiguo instituto de Louis, en Doncaster, durante las etapas finales del concurso.

Superior: ¿Quién es quién? Podéis apostar a que todos sus fans lo saben.

Inferior: Qué mono es, ¿verdad? Harry sostiene una foto de sí mismo de niño durante una visita a su ciudad natal.

Superior: Con mucha naturalidad, los chicos adoptan una pose descarada en la alfombra roja durante el estreno de *The Chronicles of Narnia: The Voyage of the Dawn Treader.*

Inferior: Hechizando al respetable: en el estreno de *Harry Potter y las reliquias de la muerte: Primera parte.*

Superior: En una conferencia de prensa del *X Factor* antes de la final, los chicos parecen relajados y confiados.

Inferior: Con los demás concursantes de la séptima edición, incluido Matt Cardle, que acabaría por ganarla.

Superior: El viaje en la montaña rusa comienza: los chicos actúan en directo en Birmingham durante la gira de *The X Factor*.

Izquierda: El grupo se convierte en la imagen de Pokémon para Nintendo DS.

What Makes You Beautiful, su single de debut, es un bombazo y alcanza el primer puesto de las listas del Reino Unido.

Superior: A pesar de convertirse en un éxito de la noche a la mañana, así siguen siendo los chicos.

Inferior: El grupo lanza «Up All Night»: el álbum de mayor venta de 2011.

Solo pueden ascender: One Direction durante la gira de «Up All Night», que comenzó en diciembre de 2011 y abarcó Europa, Australasia y América del Norte.

Izquierda: Durante los premios BRIT de 2012: los chicos charlan con James Corden, el presentador.

Inferior: El divertido Niall hace el tonto.

Derecha: Contentísimos mientras aferran el premio por el Mejor Single británico.

Conquistando Estados Unidos: One Direction se convirtió en el primer grupo británico en alcanzar el primer puesto en la lista de *Billboard* con su álbum de debut. *(Superior)* Actuando durante los premios Nickelodeon 25th Annual Kid's Choice. *(Inferior)* Entrevista radiofónica en Nueva York.

Derecha: El grupo viaja a Australia, donde Liam disfruta practicando surf.

Izquierda: ¿Quién es el más mono? Louis abraza a un koala.

Relajándose al sol: los chicos disfrutan de un bien merecido descanso.

De participantes en concursos de talento a estrellas mundiales: solo One Direction.

—Niall no dio pie con bola —diría Cowell.

La presión tardaría en reducirse... y Zayn no era el único que pasaba apuros. En pantalla, Harry comentaría que cuantos más obstáculos lograba superar con éxito, tanto más intensa se volvía su ambición. No solo se trataba de sentirse satisfecho de estar allí o meramente orgulloso de lo que había logrado hasta ese momento. Más bien de comprender hasta dónde podía llegar.

—A medida que pasas por la fase de entrenamiento empiezas a darte cuenta del tamaño del premio que podrías alcanzar —declaró ante las cámaras—. Así que durante los últimos días he comprendido que tengo muchas ganas de quedarme. Ahora no tengo ningunas ganas de volver a casa.

El siguiente giro inesperado de la serie solo afectó a los chicos de manera indirecta, pero resulta pertinente para comprender el programa del cual surgieron. Tras desplomarse entre bambalinas, Cheryl Cole fue enviada a casa y más adelante informaron que había contraído malaria durante unas vacaciones en Tanzania. La trasladaron al hospital y allí le dijeron que le esperaba una convalecencia prolongada. Durante su ausencia, Cowell llamó a Nicole Scherzinger, la antigua cantante de las Pussycat Dolls, para que reemplazara a Cole. (Irónicamente, ello supuso un anuncio involuntario de una situación dramática que al año siguiente estallaría en la versión estadounidense de *The X Factor* cuando, después de prescindir de Cole como juez, quien pasó de presentar el programa a desempeñarse como juez fue Scherzinger).

Como juez, el rostro de Nicole Scherzinger les resultaba conocido a varios de los chicos, puesto que había estado presente en los primeros casting de algunos de ellos, incluido en el de Harry y Louis. Dado que Dannii Minogue también estaba ausente, el tribunal tenía un aspecto diferente del habitual. Otro cambio se produjo cuando los productores decidieron prescindir del público durante la fase de entrenamiento. En la cuenta oficial de Twitter del programa apareció el siguiente mensaje: «Debido a circunstancias inhabituales, no invitaremos al público a presenciar la actuación de los concursantes durante la fase de entrenamiento de *The X Factor.*» Ello supuso que lo que ocurrió después adquiriera un matiz aún más dramático.

Durante el tercer día de entrenamiento los concursantes recibieron una lista de cuarenta canciones entre las cuales elegir. Para algunos suponía un regalo: ahora se sentían liberados, a diferencia del primer día, cuando se sintieron constreñidos, pero para otros suponía un problema: eran incapaces de elegir cuál de las canciones tenían ganas de cantar. En cuanto optaban por una, descubrían otro tema de la lista que también les agradaba y, en vez de ensayar el tema elegido, se andaban con rodeos. Ese era el último obstáculo antes de someterse al veredicto de los jueces: un momento nada indicado para perder la concentración. Una vez que les llegara el turno de cantar, saldrían a escena de manera individual, interpretarían la canción y se marcharían. Los jueces no les proporcionarían ningún *feedback* tras su interpretación.

Liam había escogido *Stop Crying Your Eyes Out*, de Oasis. La elección no le resultó difícil. Como ya hemos visto, adora Oasis y ha cantado sus canciones desde niño adoptando la célebre postura de Liam Gallagher. Antes de salir a escena, explicó ante las cámaras lo que se estaba jugando. Dijo que su exitoso primer casting suponía una gran ventaja: «Aún estoy flotando», añadió. Luego dijo que también había un aspecto negativo, «porque he de intentar volver estar a la altura de lo esperado». Había dispuesto de todo un año para preparar su casting inicial y ahora solo disponía de veinticuatro horas para prepararse para el siguiente. Se lo vio cometiendo un error durante los ensayos y Brian Friedman dijo que se debía a su edad. Una vez más, en ese momento se trataba de complacer a Cowell.

—Quiero demostrarle a Simon que voy en serio —dijo—. Quiero demostrarle que tengo lo que hay que tener.

Salió a escena con elegancia y confianza.

—Hola a todo el mundo. ¿Qué tal estáis, jueces? —preguntó en tono relajado. Antes de cantar, le pidieron que explicara por qué creía poseer el «factor x». Con las piernas temblorosas, Liam dijo que lo poseía «porque de pequeño sufrí un revés, acepté un gran desafío, me fijé una meta y jamás tiré la toalla». Al igual que las veces anteriores, Liam se vendió muy bien ante Cowell.

Entonces cantó la canción de Oasis; fue una interpretación que dividió a los espectadores: algunos consideraron que parecía un tanto trillada y aburrida mientras que muchos otros opinaron que había sido emotiva y convincente. Ciertamente carecía un poco del carácter dramático de su interpretación de *Cry Me a River* que cantó en el casting, pero el propio Liam ha comentado que sería complicado volver a estar a la misma altura, entre otras cosas por la ausencia de un numeroso público en directo. De hecho, Liam empezaba a darle más caña a la canción cuando Cowell lo interrumpió: había llegado el momento de abandonar el escenario y dejar que los jueces debatieran sus posibilidades sin su presencia.

—Es bueno, Simon —susurró Walsh cuando Liam abandonó el escenario—. Me gusta, les gustará a las chicas —añadió el irlandés.

El lenguaje corporal de Cowell denotaba que no estaba convencido.

—Me gusta, pero creo que es un tanto unidimensional —dijo, mientras Walsh seguía abogando por Liam.

—Es un joven cantante de pub, Simon —dijo—. Y solo tiene dieciséis años.

Más adelante, Cowell demostró que no estaba convencido en absoluto.

En el programa hermano llamado *The Xtra Factor* declaró lo siguiente:

—Comparado con el mundo en el que vivíamos hace un año, en el actual destacarse es imprescindible. Liam es un ejemplo de alguien a quien hace un par de años hubiera considerado un buen concursante, pero ahora me aburre a morir. —Luego añadió—: Cuando el talento de alguien tiene un límite, como en el caso de Liam, solo puedes hacerlo avanzar hasta cierto punto y eso te limita. Cuando trabajas con alguien eso resulta frustrante porque deseas poder enfrentarlo a cualquier desafío y saber que podrá con ello e incluso superarlo.

Nada de ello presagiaba un futuro prometedor para Liam.

Una vez que él y los otro cuatro chicos —cuyas tres canciones no fueron transmitidas ese día— hubiesen actuado, había llegado el momento de que los jueces consultaran entre ellos. Debido a la continuada ausencia de Minogue y Cole se introdujeron unos cambios en el formato. En vez de presentarles seis actuaciones de cada categoría, Cowell, Walsh y Scherzinger decidieron enviarles ocho actuaciones a los jueces. En parte ello refleja que confiaban en que había muchas actuaciones que merecían pasar a la fase siguiente y en parte ofrecerles a Minogue y a Cole la oportunidad de poder elegir entre un número mayor de actuaciones. También modificaron la categoría relacionada con la edad cuando Scherzinger sugirió que la de más de 25 años pasara a más de 28.

Cuando los treinta chicos restantes —incluido Harry, Liam, Louis, Zayn y Niall— fueron llamados a escena, no hubieran podido estar más inquietos. Zayn se frotaba las manos, presa de los nervios. Liam parecía estar a punto de desmayarse... o de romper a llorar. Entonces los jueces empezaron a pronunciar los nombres de los que habían pasado el corte. Cowell empezó por nombrar a John Wilding y después Scherzinger a Nicolo Festa. A medida que se anunciaba un nombre tras otro, los chicos se ponían más nerviosos y se sentían más atemorizados. Sin embargo, Louis llamó la atención de todos aplaudiendo y sonriendo cada vez que nombraban a todos los que habían tenido la suerte de pasar. Incluso le palmeó la espalda a Karl Brown cuando lo nombraron. Su cortesía hizo que los espectadores, conscientes de su desilusión, se sintieran muy conmovidos.

Por fin solo quedaba tiempo para anunciar dos nombres más. Cada uno de los cinco chicos esperaba que fuera el suyo, pero sospechaban que no sería así. Los dos últimos nombres fueron los de

Matt Cardle —que acabaría por ser el ganador— y el de Tom Richards.

—Eso es todo, muchachos... Lo siento de verdad —dijo Cowell. Cuando Richards abandonó el escenario llorando de alegría, los otros concursantes procuraron aceptar el hecho de haber sido eliminados. Liam, que fue eliminado en esa fase en 2008 solo para ser restituido unos minutos después, se removía nervioso al tiempo que se enfrentaba a la realidad. Se llevó la mano a la cabeza y trató de contener las lágrimas, pero estas ganaron la batalla. Harry parecía estupefacto y Niall se alborotó los cabellos: su rostro expresaba desesperación y dolor.

Cuando Liam abandonó el escenario, Dermot O'Leary lo abrazó, tratando de consolarlo.

—No quiero volver a casa —susurró Liam—, no quiero volver.

Entonces habló Harry. Aunque parecía aceptar la eliminación un poco mejor que Liam, dijo que estaba «realmente destrozado»... y lo parecía. Esta vez Niall parecía más animado: su dolor se combinaba con la cólera.

—Es lo peor que me ha pasado en toda la vida —dijo—. Quedarte ahí de pie esperando que pronuncien tu nombre... y entonces no lo hacen.

Sus ojos volvieron a llenarse de lágrimas al tiempo que se disculpaba ante el entrevistador y se cubría la cara con el jersey.

No obstante, Cowell no se dio por conforme con perder a los chicos.

—Me da mala espina, creo que quizá no debiéramos haberlos eliminado y quizá debiésemos haber hecho otra cosa con ellos —diría más adelante en una entrevista de *Rolling Stone*—. Fue entonces que se nos ocurrió la idea de que debiéramos comprobar si funcionarían como grupo.

Ya sea que se tratara de una decisión del momento o de una opción más premeditada, había llegado el momento de ponerla en marcha. Se podría formar un grupo de chicos y chicas —que se llamaría Belle Amie— con los y las concursantes eliminados. Entre bastidores, el equipo de producción reunió a Louis, Liam, Harry, Niall y Zayn, y también llamaron a cuatro chicas que se incorporarían a Belle Amie.

A esas alturas, ninguno sabía lo que les esperaba. Para Liam supuso un momento especialmente surrealista: al igual que en 2008, le dijeron que regresaba a casa solo para volver a llamarlo unos minutos después. Los chicos y las chicas regresaron al escenario mordiéndose las uñas. Los chicos se alinearon en el escenario; su lenguaje corporal era inconfundible: estaban tristes por haber sido eliminados del concurso, no comprendían por qué los habían vuelto a llamar y al mismo tiempo procuraban refrenar sus expectativas. Entretanto, los jueces contemplaban a ambos grupos y se preguntaban si habían tomado la decisión correcta, pero las dudas de Cowell habían desaparecido.

—En cuanto los vi juntos por primera vez tuve una sensación extraña —más adelante le diría a *Rolling Stone*—. En ese momento ya parecían un grupo.

Y así era, en efecto: el modo en el que en ese preciso momento los chicos se convirtieron en un grupo era conmovedor, casi misterioso.

La que les proporcionó una explicación fue Scherzinger.

—Hola, gracias por volver —les dijo—. A juzgar por la expresión de vuestros rostros ha sido muy duro. Hemos reflexionado mucho y hemos considerado a cada uno de vosotros como individuos y creemos que tenéis demasiado talento para dejaros marchar. Creemos que crear dos grupos separados sería una buena idea.

Pero los concursantes aún no habían caído en la cuenta, así que Cowell optó por aclararles la situación.

—Hemos decidido someter a ambos grupos al veredicto de los jueces especiales —les dijo.

Los chicos sintieron una gran alegría. Louis brincó como si fuera un canguro, mientras que Harry cayó de rodillas. Los jueces los contemplaron con satisfacción al ver su alivio y su emoción. Entonces Cowell consideró que había llegado el momento de enfrentarlos a la realidad.

—Chicos, chicas: esto supone una oportunidad. Todos los días tendréis que trabajar diez, doce o catorce horas diarias y aprovecharlas —les dijo—. Tendréis que ir a por todas, muchachos.

Los chicos bajaron del escenario sintiéndose como si acabaran de ganar la Copa de la Liga. Cuando Harry se dirigió a O'Leary, lo hizo en nombre de los cinco.

—Pasé de la peor sensación de mi vida a la mejor.

Entonces llegó el momento de reunirse con los otros concursantes que no habían sido eliminados. Todos se abrazaron: la vida les sonreía. Sin embargo, los chicos aún debían superar otro obstáculo. Les dijeron que debían estar completamente seguros de que querían formar un grupo, puesto que cada uno se había presentado al casting en solitario. Nadie quería un grupo que albergara un miembro al que la idea de pertenecer a un grupo no lo convenciera completamente, así que la decisión de animar a los chicos a que reflexionaran minuciosamente fue sensata. El que más tardó en tomar una decisión fue Liam. Tras presentarse al casting de *The X Factor* en 2008 había trabajado duro para emprender una carrera en solitario. Al principio consideró que resultaba inimaginable dejar atrás todo ese trabajo y unirse a un grupo. Reflexionó mucho, recurrió al consejo de aquellos a quienes respetaba y en quienes confiaba y alcanzó una decisión: formaría parte del grupo. Ese fue el instante en el que el grupo se formó de manera oficial.

Alcanzaron el siguiente mojón cuando los jueces fueron informados de la categoría que tutelarían durante el resto del programa. El equipo de producción telefoneó a cada juez para ponerlo al corriente y Simon Cowell fue informado de que él se encargaría de los grupos. Tradicionalmente, los grupos son considerados como una de las dos categorías más débiles, junto con la de los solistas de mayor edad. Aunque sabía que One Direction tenía muchas posibilidades, Cowell animó el guión reaccionando a la noticia con sarcasmo.

—Gracias por pagarme lo mucho que he trabajado para el programa durante este año.

Cuando ese episodio fue transmitido, los espectadores de *The X Factor* saborearon las dramáticas circunstancias en torno a la formación de One Direction y Belle Amie, entre los cuales se encontraban los miembros del grupo y sus familias. Johanna, la madre de Louis, declaró lo siguiente ante la prensa del lugar:

—El domingo invitamos a toda la familia a presenciar las fases de entrenamiento y todos estábamos muy orgullosos de Louis y los otros chicos. Está en la gloria, no acaba de creer que ha logrado llegar hasta aquí.

En ocasión de la fase de las *judges houses* del programa, el grupo voló a Marbella, España, para actuar ante Cowell. En esa fase del proceso, la recompensa que reciben las actuaciones exitosas es muy importante: un espacio en los programas en directo. Para los que fracasan, la decepción es igual de intensa. Tal como Liam sabía —y como te diría cualquier futbolista—, perder una semifinal es peor que perder una final. Para los concursantes de *The X Factor* lo mismo se aplica a la fase de los jueces especiales que, de hecho, es la fase semifinal. Los chicos estaban nerviosos y excitados, sobre todo Zayn, para quien se trataba de su primer viaje al extranjero; tuvo que solicitar un pasaporte especialmente para ese viaje. Así son los chicos, así que hubo algunos momentos divertidos en Marbella... aunque los artículos publicados por los tabloides informando que la casa de Cowell fue destrozada eran muy exagerados. Los chicos tuvieron tiempo de sentarse junto a la playa, Louis y Zayn recuerdan comer pizza y contemplar el mar.

Sin embargo, estaban allí para trabajar y estaban decididos a triunfar. Y lo harían con bastante éxito: en realidad, no convencieron a Cowell de que tenían talento, lo arrollaron. Más adelante, durante una entrevista de la revista *Rolling Stone*, Cowell fue preguntado cuándo fue la primera vez que se dio cuenta de que el grupo podía ser un bombazo.

—Después de una millonésima de segundo,

cuando acudieron a mi casa en España y actuaron —dijo—. Me mantuve serio para aumentar el dramatismo del programa.

Los chicos cantaron *Torn*, originalmente un éxito de la cantante australiana Natalie Imbruglia, que había sido una juez invitada durante el casting anterior de Liam. Pero antes del casting hubo un suceso dramático: un erizo de mar picó a Louis mientras los chicos retozaban en el mar. Al principio creyó que una piedra afilada o un trozo de vidrio le había causado un corte en el pie, pero cuando se despertó a la mañana siguiente comprobó espantado que el pie se le había hinchado muchísimo. Cuando se levantó para curárselo, cayó al suelo. Pidió auxilio y fue llevado al hospital, donde le pusieron inyecciones. El dolor de los pinchazos fue tan intenso que, según dicen, el pobre Louis vomitó varias veces.

Mientras tanto el resto del grupo aguardaba ansiosamente para comprobar si Louis sería capaz de salir a escena. Cuando lo vieron volver del hospital corrieron a abrazarlo, lo alzaron en brazos y lo llevaron hasta el lugar donde cantarían. Cowell no tardó en notar que Louis cojeaba, pero este le dijo que se encontraba bien. Después cantaron.

Louis empezó cantando la primera estrofa, Harry cantó la segunda y entonces los cinco entonaron el coro final meciendo las caderas. Teniendo en cuenta la edad de los chicos y el hecho de que fueran un grupo recién formado, de pronto su aspecto resultó sorprendentemente convincente.

Al final de la canción, Cowell solo les dijo:

—Hasta luego.

Pero mientras los chicos se alejaban, Cowell tuvo que esforzarse por contener su entusiasmo. Él y Sinitta, su ayudante, manifestaron su animación por lo que acababan de ver.

—En cuanto se marcharon, brinqué de la silla —recordaría más tarde en *Rolling Stone*—. Eran fantásticos.

Cowell confiaba en ellos, eran divertidos, habían desarrollado los arreglos ellos mismos. Eran como una pandilla de amigos y además eran bastante intrépidos.

No se lo tuvo que pensar dos veces antes de decidir que One Direction aparecería en los programas en directo.

Sin embargo, al día siguiente cuando llegó el momento de darles la noticia a los chicos, Cowell procuró mantener el rostro inexpresivo para aumentar el suspense, tanto el de los chicos como el de los telespectadores.

—Mi cerebro me dice que supone un riesgo y mi corazón que merecéis una oportunidad —les dijo.

Los chicos se quedaron esperando casi sin atreverse a respirar. Liam estaba especialmente tenso: a esas alturas no quería regresar a casa por segunda vez.

—Por eso ha sido difícil, así que he alcanzado una decisión: ¡he hecho caso a mi corazón, chicos, habéis pasado!

El rugido con el que los chicos celebraron la noticia lo decía todo. Después corrieron a celebrarla con Cowell, y el primero que se lanzó en brazos de su mentor fue Harry.

—Todos me habéis causado una enorme impresión y lo digo en serio —dijo Cowell.

Entonces cuatro de los recién confirmados finalistas se lanzaron a la piscina completamente vestidos.

—Nos volvimos locos —recordó Liam. Louis, aún convaleciente de la picadura, optó por no lanzarse al agua.

En el avión en el que regresaron a Inglaterra el

júbilo prevalecía entre los miembros del grupo. Habían logrado alcanzar la fase de los programas en directo y pronto cantarían en directo ante todo el país. Echando mano de la frase que gritan al principio de cada programa en directo de *The X Factor*, ¡es hora de afrontar las consecuencias!

7

¡EN VIVO Y EN DIRECTO!

En realidad, las cosas más aterradoras a las que se enfrentan los concursantes durante los programas en directo no son «las consecuencias» ni los jueces sino la votación del público. Los programas en directo suponen una experiencia excitante para todos porque no solo actúan ante un público en directo en el plató y ante millones de telespectadores en horario de máxima audiencia, también se enfrentan a un *feedback* semanal por parte de cada uno de los cuatro jueces. Tras enfrentarse a todo ello con éxito, han de enfrentarse al voto del público. Tras veinticuatro horas se cierran las líneas telefónicas y entonces las dos interpretaciones que recibieron el menor número de votos compiten entre sí antes de que los jueces decidan cuál de ambas serán enviadas a casa. Mientras se preparaban para el primer fin de semana, los chicos se limitaban a confiar en que lograrían pasar a la segunda semana. No sospechaban que les esperaban diez semanas de programas en directo, puesto que lograrían alcanzar la gran final.

Los jueces proporcionarían sus opiniones sobre los chicos todas las semanas. Aunque en su mayoría el *feedback* era positivo, cada juez tenía sus manías individuales con las que, con el tiempo, los chicos estarían cada vez más familiarizados. Louis Walsh por ejemplo, acostumbraba a considerarlos como «el próximo importante grupo de chicos». Sus ideas elogiosas solo se veían matizadas por una tendencia a bromear con Simon Cowell a expensas de ellos. Sin embargo Dannii Minogue era el miembro más crítico del tribunal; nunca era cruel y sus comentarios eran justos, precisos y destinados a extraer lo mejor del grupo. Era la más sincera y la que menos se dejaba afectar por la locura despertada por One Direction. Entretanto, Cheryl Cole reconocía que se estaba convirtiendo en una fan de One Direction, mientras que Cowell seguía mostrándose confiado, como de costumbre. Al ser el mentor del grupo, por no hablar de ser el rey del universo de *The X Factor*, permanecía tranquilamente sentado a medida que sus jóvenes prodigios alcanzaban el éxito una semana tras otra. Comencemos por el principio...

Primera semana. Tema: los números uno

En la primera semana el grupo cantó *Viva La Vida*, de Coldplay. Fue una elección que sorprendió a muchos telespectadores; supuso empezar por hacer una declaración audaz: ese grupo no sería otro aburrido grupo de chicos. Quizás hubiese resultado tentador hacerlos cantar una suave balada de Westlife, un himno de Take That o una animada canción de The Wanted. Esta vez les dijeron que cantaran un tema de Coldplay.

—Normalmente, nadie hubiera vinculado a este grupo con ese tema, pero lo más curioso es que funciona —dijo Cowell durante el breve y personalizado vídeo de presentación que sale en pantalla antes de la actuación de cada concursante. Zayn dijo que temió no dar la entrada en el momento debido: estaba abrumado por la longitud y la intensidad del bombo preliminar al primer programa en directo.

A medida que el vídeo de presentación se volvía más dramático, Cole dijo:

—Estos chavales realmente han de dar lo mejor de sí mismos: ¡hay mucha presión!

El grupo aguardaba que se abrieran las puertas del escenario, más allá de las cuales estaban el público, los jueces y las cámaras que los transportarían a las salas de estar de millones de personas. Harry estaba tan nervioso que se descompuso. Sin embargo, según diría Louis, el grupo se había asegurado de centrarse en su canción en vez de preocuparse por la competencia. Era una actitud sensata y ahora había llegado el momento de cumplir con lo prometido.

Cuando el grupo salió a escena e interpretó la canción, todos los chicos manifestaron emociones diferentes. Liam, que ocupaba la posición central, parecía desenvuelto y aplomado: su mayor experiencia tanto televisiva como con respecto a actuar en directo resultaba evidente. Más adelante, cuando la actuación decayó un poco, fue Liam quien entró en acción e instó a los demás a darle más caña a su interpretación. Entretanto Harry demostró su nerviosismo adoptando una actitud casi agresiva; a medida que se golpeaba el hombro al ritmo de la canción, procuró disimularlo, pero no lo logró. Tal como todos supusieron, en los segundos anteriores a su entrada Zayn parecía preocupado, pero en cuanto empezó a cantar se le vio más contento y pronto le cogió el tranquillo al tema.

Pero aún quedaban Louis y Niall. El señor Tomlinson parecía encantado de encontrarse allí y también muy divertido. Puede que la combinación de ser el mayor del grupo y su responsabilidad relativamente menor durante la canción hicieran que se sintiera más cómodo. Entretanto, Niall no perdió la sonrisa durante toda la actuación; rara vez alguien había parecido más feliz de formar parte de un grupo. Además de sonreír, su mirada brillaba de alegría e incluso cuando cantó su parte —la letra del tema hablaba del arrepentimiento y la desilusión— no dejó de sonreír. Dadas las circunstancias, la incongruencia era perdonable... resultaba muy agradable ver que alguien se lo estaba pasando tan bien.

Cuando el grupo ocupó su posición para el solo final de Liam, todos intercambiaron sonrisas de satisfacción y cierto alivio por haber interpretado el tema con éxito. Al final, todos se abrazaron como si fueran chicos que acabaran de ganar un partido de fútbol en el parque. Fueron esos momentos los que hicieron que los espectadores recordaran lo que estaban viendo: a un grupo de escolares al principio de su carrera. Ello aumentó la impresión que causaban y también su encanto, puesto que les confería un aspecto «desvalido» que serviría para atraer los votos del público.

El tribunal aplaudió y Cowell sonrió con orgullo paternal.

—¡Guau, chavales! —exclamó Walsh—. Cuando me dijeron que cantaríais el tema de Coldplay consideré que suponía un riesgo muy grande. Me encanta lo que hicisteis con esa canción: os apropiasteis de ella. Estoy encantado de que el grupo esté cuajando y, pese a que Simon afirme que fue él quien lo formó, originalmente la idea fue mía, Simon. ¡Lo fue! Creo que tenéis el potencial de convertiros en el próximo grupo de chicos importante, pero aún tendréis que trabajar duro.

»Pero el diseño no acaba de convencerme, Simon. ¿Es que no contrataste a un estilista? —añadió.

Cuando el público soltó algunos abucheos simulados, el rostro de Walsh se endureció.

Entonces habló Dannii Minogue.

—No se de quién fue la idea, muchachos, porque no estaba presente, pero parecéis encajar, sois el grupo perfecto —dijo.

Los chicos estaban tan entusiasmados por el *feedback* que intercambiaron enhorabuenas; su entusiasmo resultaba contagioso.

—Cantasteis muy bien y os apropiasteis del tema —añadió la australiana.

Cheryl Cole compartía sus sentimientos.

—Estoy de acuerdo con Dannii, es como si estuvierais destinados a formar un grupo —dijo, aumentando las delicias de One Direction—. Sospecho que las chicas se volverán locas por vosotros, pero solo necesitáis un poco más de tiempo para desarrollaros como grupo, solo un poco más de tiempo.

Entonces su mentor tomó la palabra.

—Rebobinaremos el asunto de tu papel en la formación del grupo, Louis —dijo Cowell. En tono retador, Walsh le dijo que lo hiciera.

—Acabasteis formando un grupo porque vuestros casting durante la fase de entrenamiento no fueron lo bastante adecuados, pero erais demasiado buenos para ser desperdiciados —prosiguió Cowell—. Corrimos un riesgo y he de deciros que lo que resultó muy impresionante fue que al final, cuando uno de vosotros empezó a cagarla, Liam intervino y volvisteis a cantar como Dios manda. Eso es lo que hacen los grupos.

Luego se refirió a los comentarios de Walsh acerca del diseño.

—No quiero diseñar un grupo como este. Les dijimos que hicieran lo que quisieran; no pienso inmiscuirme, porque ellos lo harán a su manera. Estuvisteis geniales, chicos.

En el escenario, Dermot O'Leary se unió a la conversación.

—Louis, con el mayor de los respetos, ¿cómo sabes qué atuendo han de llevar unos chicos de dieciocho años? ¡Venga, hombre!

Harry no participó en la discusión y resumió los pensamientos del grupo.

—Fue la mejor experiencia de nuestras vidas —dijo. Más adelante, Zayn declaró que todos los miembros del grupo estaban «como locos» cuando abandonaron el escenario. Cada uno de ellos acababa de recibir una enorme dosis del «subidón que supone actuar».

Por la noche siguiente todos aguardaban el resultado de la votación del público presa de los nervios. Una vez acabada la serie, Liam diría que lo que los puso más nerviosos fue aguardar los resultados de la votación del público aquella primera semana. Superaron la votación y pasaron a la segunda semana. Nicolo Festa fue menos afortunado: se marchó de inmediato tras acabar último; también los FYD, quienes perdieron tras competir con Katie Waissel.

Entretanto, Cowell había notado que One Direction tenía algo muy especial, puesto que rápidamente empezaron a atraer a grandes grupos de fans ante la entrada del canal.

—Era inusual porque en un instante había cientos de fans reunidos ante el canal —le diría más adelante a la revista *Rolling Stone*—. Y eso no suele ocurrir con mucha frecuencia.

Luego pasó a comentar el intercambio con Walsh acerca del estilo del grupo.

—Tienen buen gusto y sabían la clase de grupo que querían ser. No querían que los moldearan y a mí tampoco me interesaría trabajar con gente así.

Todos los primeros indicios eran bastante positivos.

Segunda semana. Tema: los héroes

Durante la segunda semana de los programas en directo aún quedaban catorce actuaciones. La cifra suponía una advertencia para One Direction y para sus compañeros concursantes respecto de la medida del reto al que se enfrentaban: incluso tras haber eliminado a dos actuaciones durante la primera semana, aún había que eliminar a otras trece antes de poder coronar al ganador. Todos tendrían que trabajar duro; para el grupo supuso una semana ardua porque Harry sufrió otro ataque de nervios durante la comprobación del sonido. No lograba tomar aire y creyó que volvería a descomponerse. Resulta notable pensar que Harry, que ahora es la figura central y a veces muy confiada del grupo, fue quien más tuvo que luchar para superar la presión. Para él también supuso una sorpresa, habida cuenta de que nunca se había visto afectado por los nervios hasta el punto de que su capacidad de actuar fuera puesta en duda.

La canción que interpretarían esa semana era *My Life Would Suck Without You*, de Kelly Clarkson. Tras esa opción se ocultaba un bonito simbolismo: Clarkson, que había ganado la primera serie de *American Idol*, es una de las graduadas más exitosas de la historia de los concursos de talentos de la televisión. Sin embargo, desde un punto de vista musical y dado que era un tema de una solista, volvía a ser una elección bastante inverosímil. El grupo la interpretó bien. Durante la primera parte, la iluminación era un tanto sombría. Cuando Liam cantó la primera estrofa la cámara recorrió los rostros de los demás: Niall y Louis volvían a sonreír, mientras que Harry se balanceaba al ritmo del tema. ¿Y Zayn? Zayn tenía un aspecto meditabundo y sensual. Al final de la canción, el alivio y la alegría de todos los miembros eran palpables. Puede que Zayn hubiera desafinado un poco, pero lo más importante era que, básicamente, habían clavado la canción. Louis le dio un abrazo afectuoso al tenso Harry.

Como siempre solía hacerlo tras una actuación de la que él no era el mentor, Walsh fue el primero en hablar.

—Bien, One Direction, al parecer os estáis divirtiendo en escena —dijo—. Todas las colegialas del país os adorarán. El único con el que tengo un problema, chavales, es con Simon, vuestro mentor. ¿Que Kelly Clarkson es una heroína? ¿Por qué, Simon? Fue una canción extraña. Sois realmente muy buenos, chicos, pero creo que Simon Cowell podría haber escogido una canción mejor.

Cuando resonaron los abucheos simulados, Dannii Minogue dijo:

—Puede que esa sea vuestra heroína musical, chicos. He de decir que sois cinco ídolos. Juntos tenéis un aspecto genial, y Harry, estoy segura de que pese a tu nerviosismo, tú y tus amigos permaneceréis unidos. Un grupo de chicos como el vuestro demostrará su auténtica envergadura cuando cantéis vuestra balada, así que estoy deseando que llegue el momento.

El grupo apreció el *feedback* ofrecido, y no solo porque ellos mismos se morían por cantar una balada.

—¡Sois tan monos que casi no puedo soportarlo! —dijo Cheryl Cole.

Harry plegó las manos: sus plegarias acababan de recibir respuesta.

—Quiero darles un abrazo. Sois unas ricuras y mientras os observo no dejo de pensar que sois adorables.

Mientras Cole se deshacía en elogios Cowell no dejaba de decirle «¡No, no, no!» en tono de chanza. Cuando le llegó el turno de pronunciar su veredicto sus palabras fueron sumamente elogiosas.

—Sois el grupo de pop más excitante de todo el país —les dijo a los chicos, que se sintieron chocados y sobrecogidos; sobre todo Liam parecía especialmente atónito por dicha afirmación—. Hablo en serio: tenéis algo que roza la perfección.

Cowell jamás ha sido de los que miden sus palabras: las actuaciones tienden a ser las mejores o las peores que jamás había visto. Pero en el plató nadie dejó que ello supusiera un obstáculo para el entusiasmo. Al tiempo que el público vitoreaba las palabras de Cowell, Harry lo instó a hacerlo en voz más alta. Cuando los votos del público volvieron a hacer que One Direction pasara a la tercera semana, los vítores y el júbilo estallaron una vez más.

Tercera semana. Tema: placeres culposos

Durante la campaña publicitaria anterior a la tercera semana, cuando los chicos fueron de compras a la tienda Topshop situada en Oxford Street,

Londres, describieron la experiencia demencial que ellos y los finalistas restantes disfrutaron y soportaron. Fue el primer encuentro real con la histeria que empezaba a reinar entre su número cada vez mayor de fans. Cuando llegaron, los gritos de las chicas eran ensordecedores. En el futuro el grupo lo consideraría un encuentro de poca monta, pero en aquel momento resultó de una intensidad casi aterradora.

—¡Me saludó, me saludó, me saludó! —chilló una de las chicas, convencida de que «había disfrutado de un momento» con uno de los miembros del grupo. Louis dijo que «fuimos acosados por una multitud de chicas adolescentes, ¡y eso estuvo muy bien!» Y también hacerse con todas esas prendas gratuitas durante la visita a la tienda. La estrecha relación entre Simon Cowell y sir Philip Green, el propietario de Topshop, fue la responsable de que dicha excursión se convirtiera en una característica de la serie.

Volviendo a la música, Cowell dijo que durante la semana había cambiado la canción que el grupo había de interpretar. Como siempre en *The X Factor*, dicha decisión normal fue anunciada a bombo y platillos, como si supusiera un obstáculo de consecuencias casi cinematográficas. Tras presentarlo como un desafío que, en palabras de Dannii Minogue, muchos no lograrían superar, el grupo obtuvo una identidad ideal para un concurso de talentos: la de desvalido.

La nueva canción era *Nobody Knows*, de Pink. Al cantar una canción un poco más sombría el grupo —incluso Louis y Niall— tenía un aspecto más serio y enternecedor que en las semanas previas. Suponía la mayor aproximación de One Direction a ese estándar de los grupos de chicos: la balada. Cuando la canción alcanzó su apogeo, los productores incluso hicieron estallar fuegos artificiales a sus espaldas y Louis no pudo resistirse a la tentación de volverse para contemplarlos.

Quizás el aspecto más trascendental de esa actuación fue que Harry cantó algunos solos. Aunque Liam seguía siendo el vocalista principal, la confianza de Harry iba en aumento y con ello también el lugar que ocupaba en la jerarquía del grupo. El *feedback* de Walsh supuso un elogio para la actuación de Liam.

—Basta con que salgas a escena para que todo el mundo se ponga a chillar —dijo el irlandés—. ¡Es como si aparecieran cinco Justin Bieber! ¡Y tu actuación como vocalista principal fue genial, Liam!

Minogue comentaría que estaban «viviendo el sueño». No obstante, quien se quedó con el público —y con el grupo— fue Cole cuando comentó:

—¿Sabéis una cosa, chavales? ¡He de confesaros que sois mi placer culposo!

Alabanzas de la divina Cole: era una prueba irrefutable de que los chicos estaban viviendo el sueño.

—Siempre que los Beatles iban a alguna parte provocaban el mismo grado de histeria que vosotros. Ahora estáis acostumbrándoos a la nueva situación y tengo muchas ganas de veros mejorar todavía más.

Como siempre, Cowell estaba muy orgulloso. Tras sacarle todo el jugo posible al asunto del cambio de canción, dijo:

—He de deciros que, aparte de haber actuado estupendamente, creo que vuestras voces han mejorado muchísimo.

Después, entre bastidores, Harry habló de otra semana de elogios de los jueces con gran entusiasmo.

—Los comentarios fueron absolutamente geniales —dijo, sonriendo—. Para seguir avanzando en el concurso hemos de mejorar cada semana.

Acorde con el espíritu reinante en aquella semana, les preguntaron cuáles tres temas escogerían como canciones de placer culposo. Tras haber sido elegidos por Cole, confesaron que el tema que les causaba el mayor placer culposo era *Greased Lightning*, interpretado por John Travolta. En segundo lugar estaba *Tease Me*, interpretado por Chaka Demus & Pliers, y el tercero lo ocupaba *I'm Too Sexy*, ese éxito pop irritantemente pegadizo y cutre de Right Said Frank.

Pero para sus cada vez más numerosos fans, One Direction no suponía un placer culposo sino uno orgulloso. A lo largo de todo el país, las chicas proclamaban a los cuatro vientos su amor por el nuevo grupo de chicos. En cuanto a estos, cuando la votación del público fue anunciada, pasaron a la tercera semana sin la menor dificultad. Durante los programas del fin de semana habían visto a Cole cantando en directo. La clase de fama icónica de la que ella disfrutaba era justo lo que habían ansiado desde el primer día, cuando se presentaron al casting. Entonces —y tras dos semanas seguidas de superar el peligro de ocupar los dos últimos puestos— su confianza no dejó de aumentar. Aunque procuraron no perder contacto con la realidad, empezaron a atreverse a creer. Que empiece el partido.

Cuarta semana. Tema: Halloween

De vez en cuando los temas elegidos para los programas en directo de *The X Factor* son poco imaginativos, pero durante la tercera semana de la serie el tema relacionado con «Halloween» prometía una mayor diversión que de costumbre. Durante la semana intermedia los concursantes habían visitado las mazmorras de Londres y la experiencia los flipó, sobre todo a Niall. El sábado por la noche los concursantes interpretaron canciones como *Thriller*, de Michael Jackson; *Bat Out of Hell*, de Meatloaf, y *Bewitched*, de Steve Lawrence, y el decorado aterrador que incluía vampiros, brujas y cosas por el estilo convirtió la velada en algo bastante espeluznante. One Direction cantó *Total Eclipse of the Heart*, de Bonnie Tyler. El tema había sido versionado por Westlife y era más idóneo para un grupo de chicos.

Cubiertos por un maquillaje fantasmagórico y vampirizo, los chicos encajaban muy bien en el papel en un escenario rociado de hielo seco. Aunque Harry ocupaba la posición central, una vez más quien dirigía el coro era Liam. Niall cantó algunas estrofas y Zayn añadió su aterciopelada voz. Al final de la canción el aplauso del público fue notablemente más sonoro y prolongado que durante las otras actuaciones de aquella noche. El grupo los recibió con un orgullo y una confianza mayores que antes.

—Me encanta toda esa cosa de vampiros tipo *Twilight* que acontece en el fondo —dijo Walsh, encabezando los comentarios de los jueces—. Esto funciona, Simon.

Que Walsh ya no tendiera a tomarle el pelo a Cowell acerca de la actuación demuestra que los chicos se habían convertido en posibles ganadores.

—¡Sois unos vampiros estupendos! ¡Quiero asistir a vuestra fiesta! —añadió Minogue.

Y Cole también parecía entusiasmada con el potencial comercial del grupo.

—Da igual adónde vaya, alguien: una mujer mayor, las mujeres jóvenes, los niños... todos hablan de One Direction. Creo que llegaréis muy lejos en este concurso.

Al final, su orgulloso mentor resumió la actuación del grupo.

—Lo que más admiro de vosotros es que sé que todos los que se apuntan a semejante concurso se ven sometidos a una gran presión —dijo—. Debéis recordar que tenéis dieciséis o diecisiete años. Habéis estado muy bien, pero no os creáis el bombo publicitario... trabajad duro y ensayad. Sinceramente, trabajar con vosotros es un gran placer.

Dermot O'Leary resumió el ambiente generado limitándose a decir «¡Guau!».

—Anoche fue estupendo —dijo Harry durante el programa de la noche siguiente—. Supuso una verdadera oportunidad de hacer alarde de nuestras voces y espero que los votos de los fans aseguren nuestra permanencia, porque ahora no queremos irnos a casa.

Los fans votaron y el grupo volvería a competir otra semana más.

Quinta semana. Tema: himnos estadounidenses

Si hubo una semana en la que One Direction demostró su autoridad en el concurso fue en la quinta. Aquella noche les dieron el último espacio —el soñado—, muy apreciado, puesto que significa actuar justo antes de que abran las líneas telefónicas para que el público vote. Con la esperanza de que la interpretación resultara estupenda y que los telespectadores la tuvieran presente, la posibilidad de obtener muchos votos aumentaba.

—Ya sabéis lo que dicen sobre conservar lo mejor para lo último —dijo Cowell, presentándolos con esa sonrisa suya donde se combinan cierto orgullo, cierto descaro y una buena dosis de suficiencia. Era evidente que Cowell consideraba que algo especial estaba a punto de ocurrir.

Y no cabía duda de que así fue. Tras un vídeo de presentación donde los chicos aparecían haciendo el tonto en la casa de los concursantes —incluidas algunas escenas gratuitas de Harry y Zayn en calzoncillos—, One Direction apareció en escena para cantar *Kids in America*, el éxito de Kim Wilde. Llevaban ropas vistosas, incluso las clásicas chaquetas estadounidenses de béisbol, estaban acompañados por chicas animadoras y parecían un grupo procedente del otro lado del Atlántico. Hubieran encajado perfectamente en una serie televisiva de la Disney o incluso en *High School Musical*. En un momento dado abandonaron el escenario y cantaron encima de una plataforma a espaldas de los jueces, a solo unos centímetros del público que no dejaba de chillar.

Actuaron con gran maestría. El modo en el que Harry pegó un brinco al final de la canción y aterrizó cuando sonaba la última nota resumía cuán confiados se sentían. Walsh les dijo que ya habían llegado muy lejos.

—Vaya a donde vaya, reina la histeria que provoca este grupo —dijo—. Me recordáis un poco a Westlife, a Take That, a Boyzone... podríais ser el próximo grupo importante.

Minogue no se dejó contagiar por la histeria y ofreció una opinión más medida.

—No creo que desde el punto de vista de la voz fuera lo mejor de la noche, pero fue una actuación estupenda —dijo.

—Me habéis levantado el ánimo y alegrado la noche —dijo Cole—, disfruté muchísimo con vuestra interpretación. Sois unos chicos maravillosos y adoro charlar con vosotros entre bastidores, sois muy buenos, chicos.

Luego un orgulloso tío Simon declaró:

—No cabe ninguna duda de que esa fue de lejos vuestra mejor actuación.

De pronto el futuro parecía prometedor, pero este se ensombreció cuando algunos espectadores acusaron al grupo de que su interpretación del tema de Kim Wilde fuera en play-back. Señalaron que en cierto punto de la canción Zayn parecía no haber entrado a tiempo, pero que antes de llevarse el micrófono a la boca se oyó su voz. Rápidamente, Twitter se llenó de acusaciones de que la banda cantaba en play-back. Unos días después el diario *Sun* publicó una declaración de Shayne Ward, un anterior ganador del concurso, en la que este atacaba al grupo por cantar en play-back. Dicha controversia no era del agrado del grupo; parecía que solo fuese ayer que habían sido cinco adolescentes corrientes y ahora se enfrentaban a su primera «tormenta mediática». Se defendieron diciendo que aunque Zayn no entró a tiempo, lo que se oyó no fue su voz sino la de Harry y, dado que las cámaras enfocaban a Zayn, quizá los espectadores no se dieron cuenta de ello. Eso bastó para apaciguar parcialmente a quienes los criticaban online. Ward se apresuró a distanciarse de las acusaciones afirmando que el periodista había malinterpretado sus palabras.

El domingo por la noche, cuando anunciaron los resultados, el grupo sintió alivio al descubrir que habían vuelto a sobrevivir a la votación del público. En aquel momento la controversia sobre el play-back los desanimó, pero también supuso una valiosa lección acerca del significado real de la fama y el éxito. Comprendieron que aunque tenían un grupo de fans devoto y cada vez mayor, también se enfrentaban a un examen minucioso y permanente de los que estaban menos «enamorados» de ellos. Para One Direction, los programas en directo demostraron ser un curso acelerado de cómo afrontar la fama.

Sexta semana. Tema: Elton John

Está claro que la música de Elton John está compuesta y pensada para ser interpretada por un solista. Dado que One Direction era el último grupo no eliminado de la serie, tenían que mostrarse muy cautos al escoger la canción que cantarían entre todas las del amplio y majestuoso catálogo de John. Optaron por *Something About the Way You Look Tonight*. Esa noche les había tocado el penúltimo espacio. Harry, que ocupaba la posición central, aportó su solo más importante de toda la serie. Los productores del programa habían tomado nota de la locura cada vez mayor desatada en torno a él y, como su desenvoltura aumentaba una semana tras otra, querían que jugara un papel más preponderante en el grupo. En cuanto entonó la primera estrofa, los chillidos y los aullidos del público confirmaron que había sido una medida popular.

Al final, Cowell los aplaudió de pie y durante los comentarios de los jueces animó a los espectadores a aumentar el volumen de sus ovaciones.

—Bien, chicos, tras esa actuación creo que os dirigís en una única dirección —dijo Walsh—, y esa es la que conduce a la final. Ayer hablé con vosotros durante horas y he llegado a conoceros a fondo. Sé que os tomáis este asunto muy en serio y estoy seguro de que sabéis que os convertiréis en el próximo grupo importante de chicos.

—¡Sois asombrosamente constantes, chavales! —añadió Dannii Minogue.

Al escuchar la frenética ovación del público, Cheryl Cole dijo:

—¿Lo oís? De eso se trata: esas ovaciones suponen la medida de lo que habéis logrado.

—Quiero deciros algo, chicos, ¿vale? —dijo Simon Cowell por fin—. En todos los años que he dirigido *The X Factor*, esta es la primera vez que realmente creo que un grupo ganará este concurso.

Después hizo algunos comentarios sobre la personalidad comedida y profesional de los muchachos y acabó diciendo:

—¡Os felicito, chavales!

En el mundo de One Direction todo era de color rosa. El programa había corrido un riesgo al formar el grupo ante los telespectadores y resultó que había merecido la pena porque su popularidad no dejaba de aumentar semana tras semana. Más adelante, hablando de la actuación de esa noche cuando interpretaron el tema de Elton John, Louis diría:

—Fue increíble, el público estuvo magnífico.

Zayn habló en tono más cauteloso. Al evaluar

que el desafío iba in crescendo, afirmó que el concurso se estaba caldeando cada vez más. Y así era... y el ejército cada vez más numerosos de fans de One Direction consideraba que el grupo era el no va más del no va más.

Séptima semana. Tema: Los Beatles

¡Por fin un género que encajaba muy bien con un grupo de chicos! Semana tras semana y rodeados por solistas masculinos y femeninos, los miembros de One Direction se habían visto obligados a cantar temas que no les resultaban cómodos. Sin embargo, la semana dedicada a los Beatles les resultaba ideal, sobre todo en el caso de Liam.

En la página web oficial del *X Factor* declaró lo siguiente:

—Soy un gran fan de los Beatles y estoy deseando que llegue esta noche.

Previó que la actuación «resultaría complicada», que «estaría repleta de armonías e improvisaciones, pero creo que es la clase de actuación que el público espera de un grupo de chicos exitoso».

Cantaron una versión de *All You Need is Love*

con ritmo acelerado. Harry volvió a cantar numerosas estrofas y lo que empezó siendo una interpretación tranquila desembocó en el éxtasis, y los bailarines situados detrás del grupo brincaban de un lado al otro. Sin embargo, no dejó de adolecer de algunas imperfecciones.

—Gracias a Dios que estáis ahí, chicos —dijo Walsh—, me encanta ver a los Cinco Fabulosos interpretando canciones de los Cuatro Fabulosos.

Pero Minogue expresó algunas críticas.

—Mis comentarios siempre han sido positivos —dijo—, pero he de decir que esta noche vosotros dos (Zayn y Niall) no disteis la talla. No sé si las cámaras lo registraron, pero no acertasteis con las estrofas del coro. No podéis decepcionar a los demás, debéis trabajar en grupo.

Cuando llegó el turno de Cowell, este se enfrentó a los otros tres jueces.

—Esos no quieren que os vaya bien en el concurso. Yo, sí: ¡votad, por favor!

Después, Niall aceptó las críticas de Minogue sin rechistar.

—Nos criticó, pero recibiremos más críticas —dijo—, así que hemos de aceptarlas y hacerlo mejor la semana que viene.

Niall demostró que el chico gallito que se había presentado al casting de Dublín ya estaba madurando y convirtiéndose en un personaje más ponderado y desenvuelto.

Octava semana. Tema: el rock

Esa fue la semana en la que la jerarquía de Harry dentro del grupo alcanzó el punto culminante. Aunque durante el primer tema de esa noche —en la que cantarían dos— Liam cantó muchas estrofas, quien eligió las canciones fue Harry. Cantaron *Summer of '69*, un tema que Harry había cantado de niño. Dado que en pantalla anunciaron que fue Harry quien eligió las canciones, la atención se centró en él. Ya habían informado que fue él quien ideó el nombre del grupo tras comentar que todos «iban en una dirección» *(one direction)*. También fue el vocalista principal cuando, tras llegar a la mitad de la canción, el grupo dio un paseo entre el público y, cuando regresaron al escenario, el que ocupó el lugar central al final del tema; era como un cambio de guardia musical.

—¡Funcionó muy bien, chicos! —aseguró

Walsh—. Me encanta el tema elegido, me encantan las vibraciones y la vitalidad que proporcionáis al concurso. Sin One Direction este concurso no sería lo mismo.

«Amén», pensó un mundo de jóvenes telespectadoras. Los comentarios de Minogue fueron más positivos que los de la semana pasada.

—Es evidente que habéis trabajado mucho y le habéis dado más marcha, eso me gusta.

Pasmada ante la reacción histérica del público, Cole dijo:

—Todos patean el suelo, el ambiente en la sala es eléctrico; es fantástico.

Sin embargo, los comentarios más significativos fueron los de Cowell.

—No tuve nada que ver con la elección de la canción: fue Harry quien la escogió y fue una opción estupenda —dijo.

Harry esbozó su encantadora sonrisa al tiempo que sus compañeros le daban la enhorabuena; Niall incluso jugueteó con sus célebres rizos. Dado que a la semana siguiente se enfrentaban a la semifinal, Cowell advirtió a los chicos —pero sobre todo se dirigía al público— que «os habéis roto el culo para llegar hasta donde habéis de llegar» y suplicó a los telespectadores que cogieran el teléfono.

Debiera de haber sido un buen momento para el grupo. Todos volvían a parecer dichosos... excepto uno de sus miembros. Liam, que quizá se sentía relegado por la atención recibida por Harry y su importancia cada vez mayor, tenía la cara larga y parecía descorazonado a medida que O'Leary seguía ensalzando a Harry. Cuando O'Leary pronunció el número de teléfono que debían marcar los telespectadores para votar por One Direction, Liam era el único miembro del grupo que no sonreía. En cierto momento jugueteó con su micrófono, pero por otra parte parecía la viva imagen del abatimiento.

La segunda canción elegida fue *You Are So Beautiful*. Resultaba difícil no estar de acuerdo con la decisión de los productores de centrarse cada vez más en Harry mientras este entonaba las estrofas en tono muy tierno, la cámara hacía un zoom sobre su rostro juvenil y su mirada expresaba la congoja de un grupo de chicos. Walsh les dijo que la canción había demostrado que eran «un excelente grupo de vocalistas, que todos ellos sabían cantar». Minogue les dijo que eran «pasmosos» y

Cole añadió que consideraba que les esperaba «un futuro muy brillante».

—Desde muchos puntos de vista esa fue mi interpretación predilecta —dijo Cowell, dirigiendo sus elogios sobre todo a Zayn.

Los votos del público fueron suficientes para hacerlos pasar directamente a las semifinales.

La semifinal

El primer tema que cantaron fue una versión de *Only Girl (in the World)*, el superéxito de Rihanna. A esas alturas del concurso los chicos se habían convertido en un grupo tan consumado que su presencia en escena ya no era la de unos desvalidos, corajudos pero novatos, incapaces de creer cuán afortunados eran. Esta vez actuaban como un auténtico grupo, con toda la firmeza y confianza que ello conlleva. Mientras prometían convertir a la chica de la canción en la única del mundo, las colegialas de todo el país desearon ser esa chica.

—Mejoráis semana tras semana —les dijo Walsh—, y proporcionáis frenesí al programa. Si existe la justicia estaréis en la final... os lo merecéis.

Una vez más, el comentario de Minogue fue menos adulador.

—Espero que nunca nos decepcionéis, muchachos, porque quiero ver cómo os convertís en el siguiente grupo importante de chicos —dijo.

Luego se tomó su deber como juez con mayor seriedad y les ofreció una crítica constructiva.

—Pero he de deciros que algunas semanas salís a cantar y todo me suena muy parecido a lo ya oído. Interpretasteis ese último tema de forma brillante, le habéis dado marcha a vuestra actuación para las semifinales.

Después Cole habló del papel que jugó durante esa semana, en la que había reemplazado a Cowell, que estaba ausente.

—Considero que durante esta semana he llegado a conoceros a todos un poco mejor porque vuestro mentor no se encontraba en el plató —dijo—. Disfruté haciéndolo... pero creo que esa canción suponía cierto peligro porque ahora mismo todos los consideran el tema de Rihanna, así que debierais interpretarlo como si nunca jamás lo hubieran compuesto para ella y no sé si lo lograsteis, pero creo que da igual. Espero veros en la final.

—¡Alguien está echando mano de la táctica! —dijo Cowell en referencia a las palabras de Cole; luego mencionó el cariz del problema del grupo. Como había tomado buena nota de que este se volvía cada vez más importante, consideró que debía informar a los telespectadores que el grupo aún necesitaba los votos del público. Así que, dirigiéndose a este, dijo:

—Aunque sé que mis palabras pueden parecer un tanto parciales, he de deciros que la canción me pareció absolutamente perfecta para vosotros, porque eso es justo lo que a mí me agradó de ellos: que no hayan optado por algo fácil. Escogieron algo muy diferente, tuvieron las agallas de hacerlo. Permitidme que añada que tras oír todos esos aplausos en vuestras casas quizá creáis que la cosa está hecha, pero en este concurso nada está hecho y os ruego a todos que si queréis ver a estos chicos en la final, cojáis el teléfono y votéis por ellos, porque creo que se lo merecen.

La siguiente canción de aquella noche fue *Chasing Cars*, de Snow Patrol. La melodía nostálgica y emotiva era perfecta para atraer votos. ¿Quién podía resistirse a votar por ese grupo tras escucharlos entonar ese tema conmovedor?

Durante el *feedback*, Walsh, que como siempre ansiaba parecer un miembro de la familia del grupo, dijo:

—Liam, Zayn, Niall, Harry y Louis: ¡Sé cómo os llamáis! Si hay justicia en este mundo, todos los chicos y chicas cogerán el teléfono y votarán por One Direction: ¡os lo merecéis!

—Habéis pasado por una semana muy dura, muchachos, ¡y esa fue una interpretación realmente elegante! Os habéis convertido en adultos ante nuestra vista —dijo Minogue.

—Estoy profundamente impresionada. En esta semana no contabais con Zayn y Simon estaba ausente, pero demostrasteis un elevado grado de madurez y os merecéis un puesto en la final, de verdad —añadió Cole.

—Chicos: Tim, que ha trabajado con vosotros toda esta semana, me dijo que esta mañana decidisteis llegar a las ocho para disponer de más tiempo para ensayar, y de eso se trata —dijo Cowell—. No se trata de inventar excusas, se trata de poseer esa ética profesional que consiste en levantarse temprano después de una semana muy dura y —como ya he dicho con anterioridad—, y lo digo muy en serio, estoy orgulloso de vosotros, no solo como personas sino también como artistas. Fue una actuación estupenda, todo ha ido bien.

En efecto: todo fue bien porque, para delicia de los chicos, los votos del público hicieron que pasaran a la final que se celebraría el próximo fin de semana.

Junto con Matt Cardle, Cher Lloyd y Rebecca Ferguson, lucharían por coronarse campeones de *The X Factor*. ¿Acaso un grupo estaba a punto de ganar el concurso por primera vez?

No obstante, tras las sonrisas, el oropel y la excitación Zayn se veía afectado por una tragedia familiar. Su abuelo, a quien Zayn describió como una persona feliz, jovial y divertida, había fallecido durante la semana. Zayn había viajado a Bradford para acompañar a sus seres queridos mientras se enfrentaban al dolor y la pena de su pérdida. Que Zayn hubiese regresado a Londres para cantar en un programa en directo había impresionado a muchos de los involucrados en la serie, sobre todo a Cowell. Los compañeros de Zayn le prestaron su apoyo en esos momentos dolorosos... incluso lo acompañaron cuando se trasladó a Bradford para el funeral y Zayn realmente apreció ese gesto afectuoso.

Popularidad, unidad y forma: en cuanto al propio concurso, para One Direction todo estaba cuajando en el momento indicado.

La final

Aparentemente, el grupo tenían muchas posibilidades de ganar la final. La histeria de sus fans había alcanzado un nivel ensordecedor y el grupo se había atenido a la regla de oro para obtener el éxito en *The X Factor*: alcanzar el apogeo lo más tarde posible. Entre los que los consideraban ganadores se encontraban los anteriores ganadores de *The X Factor* Joe McElderry —el cantante de Tyneside cuyo éxito había animado a varios miembros de One Direction a presentarse al concurso— y Alexandra Burke. Sin embargo, una encuesta publicada por el periódico *Sun* el día de la final afirmaba que ocuparían el tercer puesto, por detrás de Rebecca Ferguson y Matt Cardle, a quien la encuesta daba por ganador.

En la semana anterior al gran enfrentamiento los finalistas restantes emprendieron el acostumbrado viaje a sus correspondientes ciudades natales: ello siempre se convertía en un show televisivo emotivo y apasionante... y también servía para estimular el apoyo de los «de casa» para cada uno de ellos. Aunque debido a las intensas nevadas el grupo no se trasladó a la Irlanda de Niall, visitaron las ciudades natales de los otros miembros incluido Wolverhampton, la ciudad natal de Liam, donde actuaron ante cinco mil personas. Liam dijo que la experiencia fue «absolutamente acojonante y que la muchedumbre era impresionante». Que el frenesí fuera tan intenso que fue necesario recurrir a la policía para controlar a los fans también lo sorprendió. Más adelante recordaría que el grupo estaba «de subidón». Harry añadió que resultó «para nosotros realmente excitante comprender que daríamos muchos pequeños conciertos como ese y algunos incluso ante un público más numeroso que aquel».

Cuando llegó la gran noche, el grupo procuró olvidar la encuesta del periódico y centrarse en la tarea presente. La final tendría lugar a lo largo de dos noches durante las cuales se producirían las actuaciones y las votaciones. El primer tema que cantaron fue *Your Song*, de Elton John. Como sus rivales interpretaban temas menos populares, el grupo confió en que esa opción clásica y muy conocida incrementaría la cifra de los votos recibidos. Durante dicha canción, Liam se convirtió en el centro de atención y disfrutó de su momento bajo los focos: durante la primera estrofa del tema cantó en solitario en el escenario oscuro, iluminado por un único foco. Suponía el apogeo de un viaje personal: desde su experiencia de 2008 en el *X Factor* en la que acabó por ser eliminado durante la fase de los jueces especiales hasta hoy, cuando ocupaba el centro del escenario casi como solista durante la final de *The X Factor*.

Para cuando llegó el final del primer coro, el grupo se había reunido tras una hilera de micrófonos y Harry cogía el central. Una nevada, una iluminación blanca y deslumbrante y un coro de cantantes envueltos en prendas blancas que se unieron a los chicos al final de la canción... los productores habían incorporado casi todos los clichés de *The X Factor* en la actuación. Walsh estaba tan impresionado como siempre.

—Eh, One Direction: estás en la final... espero que estéis aquí mañana por la noche —dijo—. Que cinco chicos hayan cuajado tan bien resulta asombroso. Sé que todos sois muy amigos. Es la primera vez que un grupo genera semejante histeria tan temprano en su carrera. Estoy convencido que os espera un futuro maravilloso. ¡Todos los irlandeses deben votar por Niall!

Minogue expresó el mismo deseo que Walsh.

—Habéis trabajado muy duro durante este concurso, vuestros caminos se cruzaron, merecéis estar aquí y me encantaría veros a todos en la final de mañana —dijo.

Cowell dijo que los dos primeros números de Cardle y de Ferguson fueron «tan buenos» que «se le encogía el alma» al considerar las posibilidades de su grupo aquella noche.

—Sin embargo, el grupo lo dio todo de sí y trabajar con ellos ha sido un auténtico placer —dijo.

Para que sus comentarios no parecieran un acta de defunción que marcaba la experiencia del grupo en *The X Factor*, añadió:

—Realmente espero que la gente coja el teléfono y os vote, porque mañana merecéis estar allí.

La velada cobró una intensidad casi insoportable. Hay algo que los críticos no pueden quitarle a la serie y es que sabe cómo incrementar la tensión del fin de semana final. Cuando los finalistas interpretaron sus dúos la excitación volvió a aumentar.

Cardle cantó con Rihanna, Lloyd con Will.i.am de los Black Eyed Peas y Ferguson con Christina Aguilera: todos ellos artistas muy prestigiosos. No obstante, One Direction consideró que les había tocado el mejor de todos: Robbie Williams. El hombre que había ejercido una influencia tan grande sobre ellos estaba a punto de cantar con ellos en el horario de máxima audiencia.

Para que no vaya a ser que alguien no comprendiera de inmediato lo emocionante que eso resultaba para el grupo, sus rostros irradiaban excitación, orgullo y casi incredulidad cuando Williams se unió a ellos mientras cantaban *She's The One*; todos los chicos parecían tan dichosos que era imposible que los corazones de los espectadores no se derritieran. Incluso Zayn sonreía. El hecho de que el dúo saliera tan bien supuso un alivio para todos. Cuando Williams cantó con Olly Murs, un finalista anterior, no entró en el momento correcto y estropeó lo que debiera haber sido uno de los momentos claves de la final. Durante un programa anterior de la serie Williams también sufrió un montón de percances cuando las puertas no se abrieron a tiempo para su dramática salida a escena para cantar *Bodies*, el single de su vuelta a escena, así que su regreso al escenario resultó bastante agitado.

Cuando el exitoso dúo con One Direction finalizó, Williams gritó lo siguiente:

—¡Los chicos... One Direction! ¡Telefonead!

Después los seis se abrazaron; Robbie incluso alzó a Niall en brazos.

—Soy un gran fan de Robbie —dijo Louis. Muchas gracias por cantar con nosotros.

—Ha sido un placer: ¡sois unos auténticos rockeros, chavales! —contestó.

Harry, con expresión muy seria, habló del «placer que supuso cantar con Robbie». Cowell lo describió como «un gran amigo del programa, muy, muy generoso con su tiempo y que ha convertido esta noche en la más importante de la vida de los chicos». La excitación bastó para que el grupo superara la primera votación del público de ese fin de semana. La que fue enviada a casa fue Cher Lloyd, así que la próxima noche One Direction tendría que enfrentarse a Cardle y Ferguson.

El domingo seguía habiendo mucho en juego. En lo que sería su última actuación en la serie, One Direction interpretó *Torn*. Puesto que era el tema que cantaron en la fase de las casas de los jueces, significaba una opción emotiva: hizo que los propios chavales —y también los telespectadores— recordaran hasta dónde habían llegado. Cardle y Ferguson, sus adversarios, cantaron *Firework*, de Kate Perry, y *Sweet Dreams*, de Eurythmics respectivamente. El siguiente recuento de votos eliminaría a uno de los tres y solo quedarían dos para la batalla final.

Los veredictos finales de los jueces sobre el grupo eran optimistas, pero en su mayoría formulados con la expectativa de que ese era el final del concurso.

—Tenéis muy buena química, adoro las armonías. ¡Adoro la canción elegida y ya tenemos cinco nuevas estrellas del pop! —les dijo Walsh.

—Habéis hecho todo lo correcto para ocupar vuestro puesto en la final —dijo Minogue—. Fue una actuación fantástica. Pase lo que pase esta noche estoy segura que acabaréis grabando discos y os convertiréis en el próximo grupo importante de chicos.

—Ha sido maravilloso observaros desde vuestro primer casting —dijo Cole en tono concluyente—. ¡Y pensar que solo han pasado unos pocos meses! Realmente creo que os espera un futuro muy prometedor y quiero agradeceros por ser unos chavales tan encantadores.

Como era de prever, el único que dijo que el grupo superaría el corte siguiente y ganaría el concurso fue Cowell.

—Habéis de tener claro que todos aquellos que alcanzan la final tienen una gran oportunidad de mejorar su futuro —dijo—. Pero esto es un concurso y en tanto que concurso, en cuanto a quién trabajó más duro, considero que merecéis ganar basándome en el futuro de algo que no hemos visto con anterioridad. Me encantaría que pronunciaran vuestros nombres al final del concurso... porque creo que os lo merecéis.

Puesto que Cher Lloyd ya había sido eliminada, de momento el resultado del fin de semana encajaba con la predicción de la encuesta del *Sun*. Si las cosas no cambiaban, One Direction sería eliminado en esa fase. Matt Cardle y Dannii Minogue se encontraban a la izquierda del escenario, Rebecca Ferguson y Cheryl Cole a la derecha y los chicos de One Direction en el centro, junto a Simon Cowell. Haciendo las habituales pausas para darle más dramatismo al momento, Dermot O'Leary anunció que Cardle y Ferguson habían pasado, y que One Direction quedaba fuera del concurso.

El primero en reaccionar frente a esa noticia decepcionante fue Cowell. Le dio la espalda al asunto con expresión consternada, casi enfadada. Era el lenguaje corporal del disgusto. Los chicos parecían absolutamente destrozados. Como comentarían en un tuit: «Es como contemplar a un consternado Justin Bieber.»

Como le correspondía por ser el miembro mayor del grupo, Louis fue el primero en hablar tras el golpe.

—Ha sido totalmente increíble. Para mí, el punto culminante fue cuando cantamos juntos por primera vez durante la fase de los jueces especiales. Aquello fue increíble. ¿Y sabéis una cosa? Lo hemos hecho lo mejor que pudimos, hemos trabajado duro.

—¡Permaneceremos unidos, esto no significa el final de One Direction! —dijo Zayn acerca del futuro en tono desafiante y para dicha de todos sus fans, que se sintieron muy descorazonados cuando la eliminación de los chicos se confirmó.

Pero el programa debía continuar sin One Direction, que observaba desde los bastidores.

Cuando Cardle fue pronunciado ganador, los chicos se alegraron por él y mientras cantaba *When We Collide*, su canción de ganador, los demás finalistas echaron a correr hacia él. La multitud jubilosa que siempre se reúne en el escenario en ese punto supone un momento emocionante de la final; ha sido una tradición desde la final de la primera serie de *Pop Idol*, celebrada en 2002. Mientras todos se reunían en torno a Cardle, los chicos de One Direction estaban tan animados como todos los demás. El siempre alegre Niall fue el primero en abrazar al ganador, que parecía azorado pero muy feliz.

Cuando Cardle desapareció entre la multitud, Harry repitió las estrofas de la canción al tiempo que Niall se dirigía al centro del escenario para animar al público a que aplaudiera y cantara junto a ellos. Era un auténtico caos y lo mejor —o lo peor, según algunos— aún estaba por venir. Cuando O'Leary puso punto final a la velada y a la propia serie, las cámaras descubrieron a Harry susurrándole algo al oído a Cardle. No todos captaron qué había dicho Harry, pero algunos telespectadores con vista de lince creyeron que sí.

Instantes después, Twitter se llenó de mensajes

que suponían que Harry había dicho lo siguiente: «Piensa en todos esos conejos que se pondrán a tu alcance.»

Dicha teoría fue recogida por los principales medios y causó una mezcla de indignación, risa y aprobación entre diversos sectores del público británico. Aunque al principio Harry no difundió lo que había dicho, con el tiempo confirmaría que efectivamente había hecho ese comentario subido de tono, pero antes de que el asunto recibiera el apodo de «conejogate». Entretanto, su madre estaba tan enfadada que cuando llegó a su casa lo castigó prohibiéndole salir.

En una entrevista en Digital Spy rememorando la serie, Harry adoptó un lenguaje más adecuado para las familias.

—Para mí, los mejores momentos fueron cuando entramos al plató por primera vez y después cuando los cinco estábamos detrás de las puertas y actuaríamos en directo por primera vez. Fue allí donde de verdad lo estábamos haciendo por primera vez. Fue un momento importante.

En aquel instante de la primera semana, ¿acaso creyeron que lograrían llegar al final? Aunque su decepción por no haber ganado el concurso fue enorme, también se sentían muy orgullosos de lo que habían hecho.

Se merecían dicho orgullo. Solo los carcomía una pequeña pero muy importante pregunta: y ahora, ¿qué?

8

LO QUE LOS VUELVE GUAPOS

Tras ser eliminados, los miembros del grupo se reunieron con Cowell en privado.

—He tomado una decisión —les dijo; después hizo una pausa dramática: ¡los chicos deben de haberse sentido como si volvieran a estar en el aire! Finalmente, les dijo cuál era la decisión: los contrataría en su departamento de Sony Records. El bueno del tío Simon acababa de demostrar que incluso cuando las cámaras no lo estaban enfocando no podía resistirse a la tentación de crear suspense en quienes lo escuchaban. Como sus decisiones a menudo son muy trascendentales, no ponerse histriónico debe de resultarle bastante difícil a pesar de que la expectativa de los jóvenes aspirantes casi los deja sin aliento.

En todo caso, esa era la noticia que el grupo ansiaba oír. Aunque numerosos comentaristas habían conjeturado que Cowell contrataría al grupo tanto si ganaban el concurso como si no lo hacían, ninguno de los chicos lo había dado por hecho. Sabían que el mundo del espectáculo era despiadado y veleidoso, uno en el que se toman decisiones duras sin tener en cuenta los sentimientos de los concernidos. La noticia emocionó a todos y Harry incluso se echó a llorar: durante un momento su imagen relajada se resquebrajó. Después estaban impacientes por contarles la noticia a sus padres. Al igual que muchos artistas, querían que sus padres se enorgullecieran.

—Debéis divertiros —les dijo Cowell—. Ganaréis un montón de dinero pero debéis disfrutar de cada minuto mientras lo hacéis.

Aunque los chicos no lo comprendieron de inmediato, Cowell había hecho un sacrificio considerable. Consideraba que la perspectiva que tenía entre manos era tan prometedora que, antes de decidir adónde enviaría a los chicos, invitó a otros departamentos de Sony a presentarle sus propuestas. En vez de contratarlos automáticamente en su departamento estaba dispuesto a que los contratase otra división de la empresa. Más adelante le explicaría el motivo a Rolling Stone.

—Era una contratación tan importante que dejé que tres o cuatro sellos de Sony hicieran sus propuestas —dijo—. No le cedí el contrato a mi propio sello de manera automática, porque pensé que se trataba de algo tan importante que quizás a otros se les ocurriría algo mejor. Estaba dispuesto a traspasarlos a otro departamento de Sony porque consideraba que el grupo era muy importante.

Entonces, con una sonrisa triunfal, los miembros del grupo se dirigieron a sus respectivos hogares para celebrar la Navidad. Aunque solo les concedieron una semana de vacaciones estaban muy contentos de estar en casa con sus seres queridos: un refugio de serenidad durante un período frenético y desconocido. Mientras celebraban las Navidades con sus familias, los chicos dispusieron de unos momentos para considerar lo mucho que sus vidas habían cambiado durante el último año.

También estaban recibiendo un curso acelerado acerca del significado de la fama. Mientras salía de compras durante las vacaciones navideñas, Zayn prácticamente paralizó una galería comercial en cuanto lo reconocieron. Entretanto, un grupo de fans no dejaba de reunirse frente a la casa de Harry: suponía su primera experiencia con esa clase de acoso y su mayor preocupación era que los fans cogieran un constipado.

En esos días Louis se enteró de que algunos de sus compatriotas de Doncaster murmuraban que no era merecedor de la fama y del éxito alcanzado: un ejemplo típico de la envidia provinciana a la que a veces se enfrentan los que han prosperado y una confirmación de que han llegado a la cima. Pero puede resultar una experiencia dura, sobre todo para alguien tan joven como Louis. Hacía solo unas semanas, Louis se había enfrentado a comentarios parecidos por parte de Steve Brookstein, un antiguo ganador del concurso de *The X Factor*. El cantante melódico de mediana edad, que se había tomado la pérdida de la fama de manera notablemente mala, escribió en Twitter que Louis «era el hombre más afortunado del mundo musical» por haber logrado un contrato con una discográfica. Estaba a punto de ser uno de los primeros en convertirse en el blanco de las iras de los fans de One Direction.

A medida que los fans atacaban a Brookstein en Twitter, Johanna, la madre de Louis, le envió un mensaje elocuente. «Hola, soy la madre de Louis —escribió—. Mi familia siempre te ha apreciado y comprado tus discos. ¿Por qué eres tan cruel? ¿Por qué lo avergüenzas en público? Estaba triste por el casting. Estaba muy nervioso. Escúchalo cantar en YouTube. ¡Tiene dieciocho años, Steve! Sinceramente creí que eras un tío majo, pero por desgracia ahora lo que nos han dicho de ti parece cierto.»

Brookstein no se arrepintió y le contestó lo siguiente: «Si eres la madre de Louis regálale al pobre chico unas clases de canto para Navidad, al menos dos docenas.» A medida que Twitter amenazaba con colapsarse debido a todos los tuits enviados por los fans, Brookstein no se inmutó.

«Es un tramposo, un don nadie que no sabe cantar. No me culpes a mí por revelar la pobreza de su trabajo. Fin.»

La respuesta de Louis fue muy digna. «¡Eres mi ídolo, Steve!» Una respuesta elegante a los insultos de un hombre tan mayor que él que podría haber sido su padre.

Una vez que sus vacaciones —bienvenidas pero muy breves— llegaron a su fin. One Direction volvió a reunirse en Londres. La primera tarea importante que les aguardaba en 2011 no era la más dura. Mientras el común de los mortales se abría paso a través de las frías mañanas para acudir al instituto, a la universidad o al trabajo, One Direction escapó del duro invierno británico volando al clima más cálido de la costa oeste de Estados Unidos. Pasaron cinco días en Los Ángeles: la autoproclamada capital de la industria del espectáculo. Allí lucía el sol y la ciudad estaba cuajada de estrellas. El tiempo transcurrió entre el trabajo —incluido una sesión de grabación en un estudio y una reunión con Max Martin, un importante productor—, las visitas turísticas y las compras.

A finales de enero, cuando regresaron a Gran Bretaña y aterrizaron en el aeropuerto de Heathrow, el grupo se encontró con una multitud de fans que no dejaban de chillar. El personal de seguridad tuvo que coger al grupo y acompañarlo a gran velocidad hasta una furgoneta de la policía para evitar el acoso de los fans. Supuso una experiencia demencial y los miembros del grupo reaccionaron de diversas maneras. Para Louis, por ejemplo supuso «un subidón»; en cambio, Niall flipó.

Al mismo tiempo se produjo un evento cómico: Ronan Keating, un antiguo cantante principal de Boyzone que en los años noventa también había sido un ídolo, aterrizaba a la misma hora que ellos. En el pasado también se había enfrentado a escenas como esas y escribió en Twitter: «Acabo de aterrizar en Heathrow y cuando salí me enfrenté a cientos de fans gritando a voz en cuello, pero no por mí, Jajá. One Direction iba en el mismo vuelo.» No obstante, la experiencia debe de haber evocado momentos felices para Keating.

El siguiente punto en la agenda del grupo era su participación en la gira de *The X Factor*, donde aún más fans enloquecidas les taladrarían los tímpanos con sus chillidos. Junto con la mayoría de los otros finalistas de la serie, actuaron en estadios de todo el país, ante los fans más devotos del programa. En los días anteriores a la gira los pusieron a prueba: tenían que aprender nuevos pasos de baile y preparar algunos discursitos para pronunciar entre una canción y otra. Los ensayos eran muy minuciosos: ensayaron algunas partes más de veinte veces. Fueron días duros en la sede de Light Structures sita en Wakefield, pero el esfuerzo mereció la pena.

Durante la gira compartieron un camerino con

otros artistas varones; eso significó volver a reunirse con Matt Cardle, Aidan Grimshaw e incluso el gracioso Wagner. Apiñados en la habitación, rieron al recordar las horas alegres transcurridas durante la serie y también contemplaron sus respectivos futuros. Tras cada espectáculo se dirigían a su hotel donde a menudo pasaban el resto de la noche de juerga. Hubo dos ocasiones en que montaron una «batalla de frutas». La primera, en Sheffield, duró cinco anárquicos minutos y se inició cuando Louis intentó arrojar un hueso de manzana en un cesto. La segunda tuvo lugar en Liverpool; no es ningún milagro que Harry no quería que la gira llegara a su fin. Las verduras también jugaron un papel cómico en la gira. Después de que Louis, bromeando, comentara en una entrevista que la clase de chicas que le gustaba eran las que comían zanahorias, las fans los bombardearon con zanahorias. Las chicas solían acudir a sus espectáculos agitando banderines donde aparecían zanahorias, llevando camisetas de color zanahoria y cargando con manojos de dicha verdura. Durante uno de los conciertos, Louis incluso apareció en escena disfrazado de zanahoria. Más adelante, Louis bromearía diciendo que tras estar rodeado de zanahorias, ¡ahora era capaz de «ver en la oscuridad»!

Adoraban salir a escena. A partir de la noche de su debut en Birmingham, pasmados por el griterío de los doce mil espectadores y en todas las demás ciudades donde actuaron, incluso en Irlanda, supuso una experiencia que jamás olvidarían y también un aprendizaje útil de lo que significaba salir de gira. En el futuro llenarían lugares tan grandes —e incluso más— que los de la gira del *X Factor*. En general, los grupos exitosos montan su carrera en directo empezando por tocar en lugares pequeños, luego en medianos y después en los grandes en vez de llenar enormes estadios durante su primera gira, así que supuso una gran ventaja que los chicos ya hubieran descubierto lo que significaba actuar ante multitudes tan numerosas.

Nunca olvidarían algunos aspectos clave de la gira, como las diversas ocasiones en las que a Liam se le rompieron los pantalones en escena. Los «problemas con el vestuario» siempre ocurrían cuando cantaban *Forever Young,* pero desde luego que ninguna de las chicas del público exigía que le devolvieran el dinero. Durante la fiesta de final de gira, celebrada en el club nocturno de un hotel tras el último espectáculo, el equipo, los directores y los artistas se despidieron de la gira y de todos sus miembros con mucho afecto. Durante la gira quedó claro que los más juerguistas del grupo eran Harry y Louis, y casi todos consideraban que Louis superaba a Harry. A todos ellos les encantaba comer: la cadena de restaurantes Nando's, donde sirven pollo, ha ganado mucho dinero con One Direction.

Durante la gira, el grupo participó en diversos proyectos que presagiaban el frenético programa que les aguardaba. El más importante fue el rodaje de un anuncio televisivo para el producto de Nintendo DS Pokémon. El rodaje no supuso un esfuerzo para el grupo. Se filmó en una habitación de hotel y prácticamente lo único que hicieron fue hacer el tonto. El hogareño Louis estaba encantado por el hecho de que una parte del acuerdo consistía en que cada uno de ellos recibiría un DS Pokémon gratuito. Otro proyecto promocional en el cual participaron en aquel período fue la publicación de *Forever Young*, su primer libro oficial. Las frenéticas sesiones dedicadas a firmar ejemplares hicieron aumentar las ventas del libro, que acabó ocupando uno de los primeros puestos de las listas de éxitos. Debido a la publicación de otros libros sobre el grupo en los meses tras el final de la serie, One Direction se encontró en una situación extraña: eran un grupo pop con más libros que discos, pero eso estaba a punto de cambiar.

Una vez acabada la gira, el grupo se tomó unas vacaciones. Niall viajó a España con su padre y un amigo; Liam fue a Florida con sus padres y Louis y Harry fueron a esquiar a Courchevel, en los Alpes franceses.

Cuando regresaron, se dirigieron al estudio para grabar su single de debut. La canción cuidadosamente elegida para ellos era *What Makes You Beautiful* (Lo que te vuelve guapa). Comienza con un breve acorde de guitarra, un ritmo acelerado y casi descarado que evoca los primeros temas de McFly. Después el sonido de un palillo golpeando un platillo marca el comienzo de la primera estrofa. La primera voz que suena es la de Liam quien, con voz profunda, un tanto provocadora y con un deje estadounidense, entona la primera estrofa. La melodía que acompaña el interludio, cantado por Harry, es más sonora y su voz juvenil y etérea alcanza su apogeo a medida que lanza el tema hacia el explosivo coro. En ese punto, el carácter pleno y semejante a un himno del tema se vuelve evidente.

Durante la segunda estrofa la canción cambia ligeramente de estilo. La interpretación de Zayn le otorga un cierto carácter rapero y un matiz —aunque solo un matiz— «borde». Después el interludio cantado por Harry vuelve a introducir el coro, tras lo cual el clásico «na na-na na» de las canciones pop prosigue hasta otro interludio cantado a *capella* por Harry: un momento inesperado de tranquilidad y sosiego que precede al coro final. Tanto en el vídeo como en las actuaciones en directo, durante el coro el grupo aviva los ánimos del público. No es una canción que ha de acabar con un fundido... y no lo hace. En vez un último *That's what makes you beautiful* entonado por Harry cierra tres minutos y dieciocho segundos del más perfecto pop.

El tema del primer single supuso una elección muy astuta, puesto que diferenciaba al grupo de otros grupos británicos de chicos recientes y evitaba la imagen cargada de baladas y centrada en los cambios de acorde de Westlife y la imagen falsa y juvenil de The Wanted. Esta vez, destacaba las virtudes de los miembros de One Direction: era pícaro, joven, frívolo, profundo y levantaba el ánimo. Nunca antes una generación de chicas tuvo una mayor tendencia de lanzarse el cabello hacia atrás.

El tema, compuesto por Rami Yacoub, Carl Falk y Savan Kotecha, que también habían compuesto temas para Westlife, Britney Spears, Nicki Minaj, Usher y Celine Dion, valía su peso en oro para un grupo pop. Desde un punto de vista musical, el desarrollo de los acordes es brillante y la producción, dirigida por Yacoub y Falk, es sencilla. Quienes compusieron el tema y también quienes lo seleccionaron para One Direction merecen grandes elogios: puede que las canciones como esa, que capturan y definen el espíritu del pop adolescente a la perfección, parezcan sencillas de producir, pero no es así.

Los chicos lo sabían muy bien.

—Cuando estábamos grabando en el estudio supimos de inmediato que queríamos que ese tema fuera nuestro primer single —declaró Harry en Digital Spy, y añadió—: creo que queríamos sacar a la venta algo que no fuera chabacano sino divertido. Nos representaba, creo que tardamos un tiempo en encontrarla pero considero que encontramos la canción idónea.

Liam también opinaba que era una elección ideal para ellos.

—Siempre quisimos que el single de debut fuera algo inesperado para los demás y cuando lo escuchamos tampoco era lo que nosotros esperábamos, así que encajaba perfectamente.

El lanzamiento ocurrió bajo presión, algo de lo cual los chicos eran muy conscientes.

—Hay una gran expectativa —dijo Louis—. Todos los fans saben que hemos estado ocupados en la grabación, así que hay mucha presión.

El sonido fue atribuido a una amplía serie de influencias. Además del arriba mencionado McFly, también guardaba cierto parecido con el estilo de grupos tan diversos como 'N Sync, los gigantes del pop estadounidenses, dinosaurios del rock progresivo de los '70 como Pink Floyd y La Bamba, el clásico pop-folk mexicano. También hay que mencionar a Example y a Calvin Harris. Muchos también notaron un vínculo entre el rasgueo inicial y *Summer Loving* el del tema de *Grease*, lo que suponía una agradable coincidencia, puesto que algunos de los chicos habían aparecido en producciones de dicho musical en el instituto.

El día que el single salió a la venta, el 11 de septiembre de 2011, los críticos lo recibieron con entusiasmo. Resumiendo el tema de la canción como uno que demostraba que el «tipo predilecto» de dama del grupo era «Esa raza en peligro de extinción cuyo aspecto es deslumbrante pero que no es consciente de ello», Robert Copsey se deshizo en elogios sobre la canción en Digital Spy, su página web. Le otorgó cuatro de las cinco estrellas posibles y dijo que era una mezcla de Pink y McFly, y concluyó afirmando que «Como uno de esos ositos de peluche de Amigos Para Siempre regalado por tu amor adolescente del instituto, es adorable y completamente inocente, y generará la envidia de tus amigos». Dado que Digital Spy es un sitio web centrado en los reality televisivos y quienes egresan de ellos, era de suponer que hablaría bien de la canción. Un defensor más inesperado fue el *NME*, en que Ailbhe Malone declaró que «el tema era muy ingenuo» pero que eso «no era malo».

Después, en un análisis técnico de la canción, Malone dijo:

—Encauzando su estupenda interpretación de *My Life Would Suck Without You*, *What Makes You Beautiful* es exuberante gracias al pegadizo «oh na na na» del interludio. Lo verdaderamente genial es que el desarrollo de los acordes es lo bastante sencillo como para ser tocado en una guitarra acústica en una fiesta.

El sitio web de *Newsround* dedicado al público televisivo infantil le otorgó cuatro estrellas de un máximo de cinco y declaró que «Pensad en el verano, en el sol, en las fiestas en la playa con vuestros amigos y pescaréis la onda de *What Makes You Beautiful*. Es pop clásico: divertido, alegre e increíblemente pegadizo». Tal como veremos, los que adoraban la canción no solo fueron los críticos y el público que compra discos: también los organismos que otorgan premios.

Pero primero echemos un vistazo a su rendimiento comercial, algo que el grupo estaba ansioso por ver.

—Estoy muy animado porque es la meta que siempre he querido alcanzar y por fin estoy a punto de hacerlo —declaró Zayn a la revista *Top of the Pops* antes de la puesta en venta del single. Para cuando fue puesto en venta la expectación era tan enorme que no cabía duda de que sería un bombazo.

Tres semanas antes de la fecha, Sony Music

anunció que el single ya había roto todos los récord de la cifra de los pedidos en la historia de la empresa: un logro considerable teniendo en cuenta que Sony es el sello de las superestrellas internacionales como Michael Jackson, Beyoncé y Christina Aguilera. Cuando salió, la canción debutó como número uno tanto en Gran Bretaña como en Irlanda. Y con el tiempo también se vendería muy bien en otros lugares.

Claro que el vídeo de promoción de la canción también jugó un papel importante en el éxito de esta. Ese aspecto de la imagen de un grupo ha sido importante desde los inicios de MTV en los años ochenta. Sin embargo, en la moderna era de internet, la importancia del vídeo ha cobrado una nueva dimensión: gracias a YouTube y las páginas de las redes sociales, hasta cierto punto la empresa puede dejar al margen los medios principales y comerciar sus vídeos directamente a los fans. One Direction rodó el vídeo promocional de su single durante dos días de julio en Malibú, California. Dirigido por John Urbano, el director, cineasta y fotógrafo, en aquel aparecen retozando en la playa, conduciendo una caravana, jugando al fútbol y muchas cosas más. Su alegría es contagiosa. Cuando canta la estrofa acerca de lanzar la cabellera hacia atrás, Harry hace lo propio con la suya.

Durante los primeros minutos un grupo de chicas participan en la diversión, pero el interés de casi todos los espectadores aumenta cuando el grupo se quita las camisetas para jugar entre las olas. El hecho de que solo aparecen unas breves y escasas imágenes de sus torsos desnudos fue intencionado. Más que provocar al público, los representantes del grupo querían evitar darle un carácter demasiado erótico a su imagen al principio de su carrera. Habían tomado nota de que Justin Bieber había conquistado el mundo del pop con una imagen sana y limpísima, y los representantes habían decidido que One Direction no se quitaría la ropa así sin más, tal como lo habían hecho otros grupos de chicos.

El momento más íntimo del vídeo ocurre cuando Harry canta la parte a *capella* y se dirige personalmente a una de las modelos. En realidad, es un momento un tanto incómodo, pero a Harry no se le nota. No obstante, la actriz parece encontrarse a disgusto y, tal como notarían sus apasionadas fans, parece bastante molesta por aparecer en semejante escena. El rodaje de un vídeo pop puede suponer una experiencia larga y cansadora, así que es de esperar que las fans —que habrían matado por ocupar su puesto aquel día— puedan perdonarle.

Entretanto, el grupo debía cumplir con más actuaciones promocionales. Su primera entrevista importante en televisión fue en el programa de *Alan Carr: Chatty Man* del Canal 4 inglés. Gracias al considerable ingenio de Carr y su labia increíble, la personalidad de los miembros del grupo causó muy buena impresión. Lograron disipar las sospechas de algunos miembros del público de que los miembros de un grupo de chicos eran insulsos y aburridos. Esta vez los espectadores se troncharon de risa. Aquella noche, sobre todo, Harry derrochaba carisma; claro que Carr no dejaría de preguntarle acerca del «conejogate». Todos recordarían la explicación irónica de Harry.

—¡Era completamente inocente! —dijo—. Matt y yo habíamos estado hablando de los regalos navideños para nuestros padres y antes Matt había dicho que quería comprarle muchos conejos a su mamá. Así que cuando ganó le dije que ahora podría hacerse con muchos conejos.

Nadie dio crédito a sus palabras, pero la inventiva de Harry provocó las risas de todos.

Otros platos fuertes del espacio alegre y retozón del grupo incluían la imitación asombrosamente convincente hecha por Niall de la voz de Peter Dickinson, el presentador de *The X Factor* y los relatos cómicos de los problemas de Louis con los coches estadounidenses. Carr también le hizo preguntas a Louis sobre el ataque online de Brookstein.

—¿Acaso tu madre siempre sale en tu defensa? —preguntó el presentador, y todos rieron cuando Louis tuvo que reconocer que sí. Los chicos se troncharon de risa cuando Carr les preguntó acerca de un posible devaneo entre Harry y una modelo de su vídeo llamada Madison.

—¿Te diste una vuelta por la avenida de Madison? —preguntó, causando las delicias de los chicos.

El grupo también interpretó su single en *Red or Black*, el programa creado por Cowell, pero esa actuación supuso una experiencia menos afortunada. Durante una parte de la canción en pantalla apareció un vídeo del grupo mientras se desplazaban al estudio de televisión en metro, cantaban las dos primera estrofas y los coros en el metro rodeados por los fans y después perseguidos por una multitud de fans enloquecidos a lo largo de la calle que daba al estudio. Pero algunos telespectadores consideraron que lo que se suponía que debía ser un truco divertido en realidad era una prueba de que los productores evitaban que el grupo cantara en directo debido a una supuesta escasez de talento.

Era de suponer que ver a Harry cantando en directo el trozo a *capella* debiera de haber bastado para disipar dichas sospechas. Tanto su nerviosismo y su dificultad para respirar tras bailar en el escenario eran evidentes. Le temblaban las manos al cantar y su mirada expresaba bastante ansiedad. Si no hubiera acertado con su entrada, toda la interpretación hubiera sido un absoluto fracaso. Cuando concluyó el solo con éxito, soltó un suspiro de alivio, Niall le palmeó el hombro y el grupo entonó el sonoro coro. Esa noche había salido bien... ¿o no?

Cuando ya no estaban en el aire, Harry dijo que «lamentaba haber dejado asomar su nerviosismo». Se conectó a Twitter para ver qué decían de él en línea y los insultos con los que se encontró lo destrozaron. Louis trató de consolarlo, pero comprendió que no podía hacer gran cosa.

—Me sentí impotente —diría después.

El grupo salió en defensa de Harry y le aseguró que ellos y los fans seguían adorándolo. De hecho, el nerviosismo de Harry hizo que pareciera más auténtico y más encantador y recordaba a los fans que ese era un grupo nuevo formado por jóvenes. One Direction estaban encaminados a convertirse en el grupo pop británico más importante, pero aún conservaban una imagen desvalida. Tanto quienes se encargaban de diseñar su aspecto como de dirigirlos lo hacían correctamente. Desde que abandonaron *The X Factor* su aspecto físico solo había cambiado ligeramente: su aspecto y su comportamiento era el de las estrellas del pop, pero aún se notaba que eran los chicos que se presentaron a los primeros castings. Ahora lo que les esperaba era el momento culminante.

El álbum de debut de One Direction titulado «Up All Night» era una obra cuidadosamente seleccionada y brillantemente producida. Comienza con el arriba mencionado tema *What Makes You Beautiful*. Es un álbum que alberga varias sorpresas y cambios de ritmo, la primera ocurre en el segundo tema: a diferencia del primero, *It's Gotta Be You* es una clásica balada de los grupos de chicos. En este, la letra expresa el arrepentimiento por el dolor causado de manera involuntaria. ¿Quién no ha sentido el deseo de cambiar el pasado? Unas maravillosas cuerdas lo convierten en un tema épico que hace las delicias de quien lo escucha, así que no es ningún milagro que fuera seleccionado para ser el próximo single del grupo.

En esencia, el tercer tema supone un regreso al ambiente pícaro y pop-rock del primero. *One Thing* se hermana con *What Makes You Beautiful*. De muchas maneras, la letra es un reflejo de su propia historia: cuando cantan diciendo que necesitan esa única cosa, esa que posee la chica de la canción, podrían estar cantando acerca de sí mismos, puesto que poseen esa cosa imposible de definir necesaria tanto para Simon Cowell como para la propia industria discográfica. En *More Than This*, el tema más lento y más tierno del álbum, aparecen algunos asombrosos *falsettos* que demuestran el amplio registro del grupo y añaden una gran intensidad a la experiencia. La canción también se destaca gracias a un excelente solo de Louis, cuya interpretación es una justa respuesta a todas las críticas recibidas online durante el año anterior.

El quinto tema es *Up All Night*, que da título al álbum y es una animada llamada a las armas para la generación fiestera. El sonido de *I Wish* es de ritmo medio muy al estilo del «tema de álbum»: es correcto pero no impresiona, mientras que *Tell Me a Lie* es inconfundiblemente estadounidense: es una canción ideal para ser escuchada circulando por una autopista estadounidense en un descapotable. Esta vez *Taken*, el siguiente, debería cantarse en torno a una hoguera, acompañado de guitarras acústicas. En este tema se destaca la voz de Harry, en la que los chicos —más que en tono afectuoso— cantan en tono desafiante: *Who do you think you are?* (¿Quién te has creído que eres?) preguntan en tono ligeramente amenazador.

Si *I Want*, la siguiente canción, evoca un tema anterior de McFly en quien la escucha es por un buen motivo, puesto que fue compuesta por Tom Fletcher, su principal compositor. A pesar de haber hecho unos comentarios poco halagüeños sobre One Direction al inicio de su carrera, Fletcher ponto se dio cuenta de su potencial comercial y compuso dicha canción para ellos. El sonido de *Everything About You* es mucho más electro y pop comercial. La letra de carácter intenso hace que se destaque de las demás y vuelve a demostrar la atención dedicada a todo el álbum.

Same Mistakes es una balada dulce en la que el acompañamiento realza las voces. En el penúltimo tema, los chicos dicen que quieren salvar a una chica de la suerte que le ha tocado. Propiamente dicho, *Save You Tonight* es una canción que podría haber sido interpretada por JLS o The Wanted y da en la tecla. Pocas fans se resistirían a dejarse rescatar por estos chavales. Durante un momento, cuando suena el último tema, quien lo escucha podría preguntarse si es una versión de *Dynamite*, la canción de Taio Cruz. Luego, durante el interludio, la canción evoca *Only Girl (in the World)*, el tema de Rihanna y es un himno imponente que pone fin a un impresionante álbum.

Para llevar el álbum a buen término, el grupo había trabajado con una ristra de nombres importantes; uno de ellos era Wayne Hector, el hombre que compuso *Flying Without Wings*, el megaéxito de Westlife. Otro fue Steve Robson, que había trabajado con James Morrison y con Busted. Quizá las dos personas con las que trabajaron que más animaron a los chicos fueron RedOne, que ha coproducido una serie de éxitos para Lady Gaga, y

Ed Sheeran, el sensacional vocalista-compositor pelirrojo.

—Componer y grabar con Ed Sheeran en nuestro álbum supuso un honor —dijo Niall. Harry estaba de acuerdo y comentó que la gente con la que trabajaron en el álbum era «legendaria». Entretanto, Liam estaba encantado de trabajar con Claude Kelly, el «fabricante de éxitos» responsable de *Grenade*. Grabaron en Gran Bretaña y en Estados Unidos y en total veintidós compositores participaron en los temas. Y encima los propios miembros del grupo obtuvieron créditos como coautores de tres de los temas del álbum.

El álbum debutó ocupando el segundo puesto en las listas británicas. Algo impresionante en sí mismo... y las cosas se volvieron aún más impresionantes cuando se convirtió en el álbum de debut más vendido de la lista de 2011 de álbumes de Gran Bretaña. También alcanzó los diez primeros puestos en otros países, incluido Suecia, Irlanda, Países Bajos, Nueva Zelanda y Australia. (Su lanzamiento en Estados Unidos está programado para marzo de 2012). Gordon Smart, el cronista de espectáculos del diario *The Sun*, declaró:

—Los jóvenes fans de One Direction recibirán

«Up All Night» con gran entusiasmo —y lo alabó por su mezcla de sonidos y estilos.

La revista *Cosmopolitan* dijo que el álbum estaba repleto de «temas rítmicos muy pegadizos»; el diario *The Independent* dijo que el álbum «vendería millones de ejemplares», mientras que el *Daily Star* declaró que «rebozaba himnos pop alegres y divertidos».

Tras el lanzamiento del álbum, One Direction emprendió su primera gira importante. La iniciaron a mediados de diciembre en Watford y luego actuaron en ciudades de todo el Reino Unido e Irlanda; en cuanto fueron puestas a la venta, las entradas se agotaron en los primeros minutos. Además de interpretar temas de su álbum y de *Na, Na, Na*, la cara B, también versionaron algunas otras, entre ellas *I Gotta Feeling* de los Black Eyed Peas, *Valerie*, el tema de The Zutons/Amy Winehouse y *Use Somebody* de los Kings of Leon. También hubo batallas con bolas de nieve de plástico que en cierto momento cayeron sobre el escenario, seguidas de serpentinas plateadas. Con Niall rasgueando su guitarra acústica y el grupo bromeando entre un tema y el siguiente, los espectáculos supusieron unas veladas estupendas. Claro que el otro ingrediente de la experiencia eran los gritos frenéticos de los fans lo bastante afortunados como para hacerse con una entrada. El nivel del ruido desconcertó incluso a los asistentes a conciertos experimentados y al personal de los locales. El único aspecto negativo de la gira ocurrió cuando un coche chocó contra su autobús a principios de enero. Aunque los tres miembros del grupo que se encontraban en el interior del autobús sufrieron dolores en el cuello y la cabeza, además del *shock*, nadie sufrió heridas graves.

9

EL SUEÑO AMERICANO

Tras haberse formado en 2010 y lanzado un single y un álbum en 2011, en 2012 One Direction querían subir la apuesta. Hace tiempo que algunos creen que el 2012 augura el fin del mundo, pero One Direction quería que supusiera el comienzo de una nueva vida para ellos. La perspectiva de convertirse en un milagro de un día que desaparecería con la misma rapidez con la que había aparecido no dejaba de rondar a todos los miembros del grupo. Querían formar parte de la industria discográfica durante mucho tiempo y transformar su éxito en una empresa auténticamente global. No se conformaban con repetir la diversión y el éxito de 2011: querían ir más allá e incluso superarlo.

Les aguardaban varias oportunidades importantes para lograrlo, empezando por asistir a la entrega de los premios musicales más prestigiosos de Gran Bretaña: los BRITs.

Celebrados en la O2 Arena en febrero, el presentador de los premios BRIT de 2012 era James Corden, el viejo compinche de Louis. Para el grupo resultó una velada con sus más y sus menos. Uno de estos «menos» los rondaría durante meses, pero primero aconteció un «más»: fueron nominados en la categoría del Mejor Single Británico. Dado el número de grupos exitosos que nunca ganan un BRIT durante toda su carrera, el hecho de que One Direction ya estuviera al borde de ganar su primero resultaba muy significativo. En su categoría habían celebrado una votación pública para decidir el ganador. Quienes votaron fueron los escuchas de la emisora de Radio Capital FM, pero debido a su excitación por ganar el premio Harry accidentalmente agradeció a los de Radio One.

Su emoción al ser nombrados ganadores era palpable. Quien salió a escena para entregarles el premio fue Tinie Tempah, la estrella del pop.

—¡Guau! —dijo Louis—. No me puedo creer

que estemos aquí. Este premio es para los fans —añadió.

El siguiente en tomar la palabra fue Harry; tras repetir el agradecimiento de Louis a los fans, agregó:

—Y quiero agradecer muchísimo a Radio One.

Teniendo en cuenta el enorme perjuicio que ello podía suponer para la posibilidad de que Capital emitiera las canciones de One Direction, la empresa de relaciones públicas del grupo se apresuró a colgar una declaración en Twitter.

«Anoche, al recoger el premio BRIT para el Mejor Single Británico, One Direction olvidó agradecer a los radioescuchas de Capital Radio —ponía en la declaración—. Se trató de un olvido debido a la excitación de los chicos por ganar el premio. El grupo quisiera aprovechar esta oportunidad para agradecer a Capital Radio y a todos sus radioescuchas por su apoyo y por votar por ellos.»

Aunque Harry se flagelaba por el error cometido, él y sus compañeros hicieron todo lo posible para que no interfiriera en la celebración. Más adelante, aquella misma noche, tenían un aspecto bastante desmejorado. Durante la entrevista Niall tenía el rostro enrojecido y Harry arrastraba las palabras. Cuando volvieron a aparecer en una entrevista a aún más altas horas, Harry no abrió la boca y se limitó a señalar la cámara con aire distraído. Cuando les preguntaron cómo se repartirían el trofeo, bromearon diciendo que lo cortarían en trozos o lo fotocopiarían. Más adelante, Harry acabó por reconocer que había hecho el comentario sobre el «conejogate». Tal vez la juerga corrida contribuyó a que se manifestara tan candorosamente. Colgó un tuit donde lo reconocía: «Lo admito... Es verdad que dije "Piensa en todos esos conejos que se podrán a tu alcance". Lo siento.»

A la mañana siguiente, mientras comentaban la agitada velada, todos tenían un gran dolor de cabeza.

Durante el discurso de aceptación de Liam, mencionó que estaban a punto de anunciar una gira. Luego el grupo hizo precisamente eso y reveló una serie de fechas: la primera sería 22 de febrero de 2013, cuando actuarían en la O2 Arena de Londres. Las entradas para las quince fechas se agotaron tras unos minutos de ser puestas a la venta. Pronto añadieron una lista de veinte nuevos espectáculos, incluido funciones de tarde en Londres, Cardiff, Manchester y Birmingham. La velocidad con las que lograban agotar las entradas de las arenas más grandes de Gran Bretaña era increíble: a juzgar por ello, One Direction se habían convertido en los reyes de la escena pop británica.

Si febrero de 2012 había sido divertido, entonces marzo resultaría magnífico, porque lograron entrar en el importantísimo y casi imposible mercado estadounidense. Al echar un vistazo a esa lista de las principales actuaciones británicas e irlandesas que fracasaron en el intento de repetir su éxito en Estados Unidos, uno empieza a apreciar la medida del reto que supuso para ellos. Entre los que fracasaron se encuentran Westlife, Robbie Williams y Oasis. Busted, que en ese momento era el más importante grupo pop británico y que cosecharon un enorme éxito en Japón, incluso rodaron un documental para MTV titulado *America Or Busted* (América o nada) centrado en su incapacidad de alcanzar el éxito en Estados Unidos. Dado que los grupos que habían reinado en las listas británicas durante años fracasaban en Estados Unidos, ¿quién hubiese pensado que One Direction lo lograría?

Sin embargo, casi inmediatamente después de

llegar a Estados Unidos, descubrieron que allí tenían una multitud de seguidores amplia y fanática cuyo acoso sufrieron en Boston y, cuando se trasladaron a Toronto, Canadá, tuvo que intervenir la policía cuando un enorme y excitada multitud rodeó el hotel en el que se hospedaban. *Billboard*, la revista de la industria discográfica, dijo: «Tienen muchas posibilidades, hay aspectos muy positivos... ese nivel de talento y ese aspecto... supone la oportunidad de crear una tormenta, un fenómeno impresionante.» Dada la tremenda dificultad de impresionar a los medios estadounidenses, eran palabras muy prometedoras.

El grupo empezaba a descubrir que, más que sufrir el esfuerzo inútil y descorazonador con el que se topaban numerosos grupos británicos en Estados Unidos, los recibían con gran entusiasmo. Pronto empezaron a compararlos con la exportación musical británica más importante de todas. One Direction no solo apareció en *Today*, el programa de televisión matutino más importante de Estados Unidos, sino que además afirmaron que se parecían a los Beatles.

—Ahora, a las 8.39 de la mañana. Junto al grupo que algunos dicen que inspira el próximo caso de Beatlemanía.... Apuesto a que si hay un adolescente en su hogar, una chica preadolescente, esta ya estará obsesionada por One Direction —dijo el presentador.

A su debido tiempo, el grupo apareció en la plaza del *Today Show*, a la sombra del icónico Rockefeller Center de Nueva York. También aparecieron en aquel otro programa de televisión importante de Estados Unidos: *Saturday Night Live*. Los grupos muy exitosos y establecidos que nunca lograron aparecer en ninguno de los dos programas solo podían limitarse a contemplarlos con envidia.

Al principio, «What Makes You Beatiful» ocupó el puesto 28 de las listas estadounidenses: el más elevado de los Hot 100 álbumes de debut de la lista de *Billboard* ocupado por un grupo británico en catorce años, lo que ya resultaba bastante excitante, pero todavía los aguardaba una noticia mejor. Imaginaos la dicha que los embargó cuando les dijeron que se habían convertido en el primer grupo pop británico que debutaba ocupando el primer puesto en la lista de álbumes de *Billboard* con «Up All Night». La noticia los dejó pasmados y supuso una lección de humildad.

—Nos parece increíble que seamos el número uno de Estados Unidos —dijo Harry—. Para nosotros es algo más que un sueño hecho realidad. Queremos agradecerle a todos y cada uno de nuestros fans estadounidenses que compraron nuestro álbum y también al público estadounidense por darnos su apoyo.

—Como podréis imaginar, estamos como un niño con zapatos nuevos —añadió Niall.

Simon Cowell, su mentor y tío sustituto, estaba muy orgulloso. «Me alegro muchísimo por One Direction, es un logro increíble —escribió en Twitter—, se lo merecen. Tienen los mejores fans del mundo.»

Ello no solo entusiasmó a One Direction y a sus fans, también supuso un gran orgullo para Gran Bretaña. No eran el único grupo británico de chicos que causaban sensación en Estados Unidos: The Wanted también cosecharon un éxito allí; su single *Glad You Came* alcanzó el cuarto puesto en la lista Hot 100 de *Billboard*. Y aún llegaron noticias mejores cuando los fans estadounidenses de One Direction dijeron que no solo adoraban al grupo pese a ser británicos sino porque lo eran.

—Los vuelve más monos —dijo uno.

Más adelante, en una entrevista en la revista *Rolling Stone*, Simon Cowell contextualizó el modo en el que habían alcanzado el éxito a ese lado del Atlántico. Hablando de los grandes grupos que fracasaron en Estados Unidos, dijo:

—Creo que la mayoría de estos grupos acaban produciendo un sonido que cae a mitad camino entre Inglaterra y Estados Unidos, y eso significa que acabas en medio del océano. No le gustas a ninguno de los dos.

No cabe duda de que lo que forjó el éxito se debió a las redes sociales. Gracias a Twitter, Facebook y Tumblr, el grupo ya estaba siendo comercializado en Estados Unidos por el equipo más entusiasta de todos: los propios fans. El éxito de Justin Bieber, que en su origen se debía en gran parte a YouTube y Twitter, supuso una lección para todos: las actuaciones de adolescentes pueden dejar al margen las rutas de promoción tradicionales. Y por eso Cowell podía permitirse el lujo de sentirse optimista. Cuando lanzó *The X Factor* en Estados Unidos en 2011 notó que las adolescentes ya sentían interés por el grupo, porque no dejaban de preguntarle cuándo traería One Direction a Estados Unidos.

Así que permitió que ese frenesí fuera en aumento.

—En general, estamos encima de los sellos estadounidenses cuando creemos que algo funcionará —le dijo a *Rolling Stone*—. En esta ocasión, les dijimos que había que esperar a que sonara el teléfono y ver quién era el primero en llamar. En vez de imponerles al grupo, quería que primero averiguaran cómo era de un modo más excitante.

Aunque Cowell considera que el impacto ejercido por las redes sociales en la industria es «una excelente noticia», y que para el negocio discográfico «las redes sociales son geniales», no deja de hacer hincapié en que una actuación ha de poseer un encanto y una chispa inherentes para alcanzar el éxito a través de este método de marketing muy moderno.

—El propio grupo ha de encargarse de que ocurra —dijo—. Creo que eso fue lo que hizo One Direction. Trabajamos como socios, pero sin su aportación y el modo en el que se dirigían a los fans y la clase de personas que son no hubiera ocurrido del modo que está ocurriendo ahora.

Uno de los empleados clave de Cowell está de acuerdo.

—A veces crees que la estrella es la canción, pero en este caso no es así: es la actuación.

Sonny Takhar, el director ejecutivo de Syco, le dijo al periódico *The Guardian*:

—Es un momento trascendental. Los medios sociales se han convertido en la nueva radio, es la primera vez que impulsa una actuación global de este modo.

Hasta qué punto las redes sociales resultan sociales queda por ver. Por ejemplo: mientras Lily Allen y Arctic Monkeys hacen un uso muy eficaz de la red de MySpace para lanzar sus carreras, el tsunami de actuaciones mediocres que después inundó MySpace con su propio material rápidamente devaluó ese foro. Tal como el propio Cowell reconoce, «allí fuera hay toneladas de grupos. No le sucede a todos».

Además de los factores esbozados por Cowell, habría que tener en cuenta que en el mercado estadounidense se había creado un hueco considerable para dar cabida a un nuevo grupo de chicos. Allí, grupos como New Kids on the Block, Backstreet Boys y 'N Sync nunca había sido realmente remplazados. Incluso los Jonas Brothers, que de todos modos ocupaban un fragmento del mercado ligeramente distinto, hacía tiempo que habían alcanzado su apogeo. One Direction y The Wanted, el otro grupo británico de chicos, aparecieron en el momento indicado. La explicación del éxito de los primeros en Estados Unidos es la siguiente: una poderosa combinación de encanto y de llegar en el momento justo: llegaron cuando un sistema de marketing nuevo estaba en su apogeo y cuando el propio mercado estaba ansioso por una actuación como la de ellos. Algunos tienen mucha suerte.

No obstante, no todo les salió bien en Estados Unidos. Poco después de llegar, apareció la noticia de que un grupo estadounidense también llamado One Direction pensaba demandar al grupo británico por usar su nombre. Peter Ross, el abogado del grupo estadounidense, afirmó en *Hollywood Reporter* que ya hacía cierto tiempo que el grupo y sus representantes estaban al corriente del conflicto por el nombre.

—En vez de cambiar de nombre, evitar la confusión y afectar nuestra buena voluntad, optaron por seguir adelante con la gira —dijo Ross—. Hace un mes que entablamos negociaciones para encontrar una solución, pero según nuestro punto de vista, estas no estaban resultando muy productivas.

Pero mientras todo ese lío proseguía, el grupo tenía muchos motivos de consuelo. Su popularidad no decreció en absoluto debido a la disputa. De hecho, en todo caso la reforzó el apoyo que los fans prestaron al grupo británico: les proporcionaba a todos algo en contra de lo cual unirse. En Twitter y en las otras páginas web de las redes sociales, la respuesta casi unánime frente a la batalla consistió en apoyar al grupo británico. Cuando un canal de televisión australiano les preguntó si pensaban cambiar de nombre, tanto Harry como Zayn dijeron que no.

—No sabemos qué ocurrirá, pero no cambiaremos de nombre —añadió Zayn.

Además de esa ola de adoración y apoyo, estaba el hecho de que los chicos estaban ganando mucho dinero gracias a su éxito. De vez en cuando se ha dicho que incluso quienes se construyen una carrera exitosa a partir de *The X Factor* nunca ganan dinero. En vez de ello, afirman, los representantes de dichas personas se quedan con casi todo el dinero y solo les pagan una miseria a los propios artistas, prisioneros de contratos astutamente diseñados para dejarles unas migajas. Sin embargo, la experiencia de actuaciones tan diversas como las de Leona Lewis y Jedward sugiere lo contrario. Se considera que ambos han ganado grandes cantidades de dinero tras participar en el concurso de *The X Factor*.

En el caso de One Direction, ciertos informes afirman que a partir de abril de 2012 cada uno de sus miembros ha ganado más de un millón de libras esterlinas.

—Simon Cowell quiere que sepan lo que se merecen. Han sido sumamente exitosos, lo que han logrado es fenomenal. Simon considera en la actualidad que son los chicos más trabajadores del mundo del pop —le dijo a *People* una fuente.

Ese mismo mes, aparecieron unas estadísticas que apoyan esa cifra. Por ejemplo: «What Makes You Beautiful» se convirtió en disco de platino en Estados Unidos tras vender 1.129.852 unidades en los primeros meses tras su lanzamiento. Eso es bastante notable desde cualquier punto de vista. Los grupos británicos establecidos tendrían que luchar por salir tan bien parados en ese país. Que un grupo saliera tan bien parado en su debut casi no tenía precedentes.

Mientras tanto, los chicos estaban de gira por Australia y Nueva Zelanda. Todos esos viajes supusieron una experiencia increíble para ellos, sobre todo para Zayn, que nunca había salido al extranjero hasta que participó en *The X Factor*. Cuando aparecieron en la televisión australiana, cientos de fans se apiñaron a las puertas del estudio y chillaron su adoración por el grupo.

—Esto es un delirio y no nos lo podemos creer —dijo Liam cuando él y sus compañeros vieron las escenas. La histeria era tremenda y la policía tuvo que esforzarse por mantener el orden. Una fan dijo que estaba dispuesta a que le dispararan con un *taser*, solo por poder acercarse a sus ídolos.

—Haré cualquier cosa por verlos. Incluso estoy dispuesta a que me disparen —dijo.

El grupo causó tal impacto en Australia que cuando salieron a la venta las entradas para los dieciocho espectáculos que se celebrarían allí en septiembre de 2013, las ciento noventa mil se agotaron de inmediato. País tras país, One Direction estaba conquistando el mundo.

10

EL PRECIO DE LA FAMA

Durante una entrevista en Estados Unidos Liam se había explayado acerca del precio que conlleva la fama, sobre todo el de la fama adquirida a gran velocidad.

—Todo sucede con tanta rapidez que es difícil de asimilar —dijo—. A veces solo reflexiono sobre todo lo que está ocurriendo cuando estoy a solas y otras me parece que tengo bastantes ganas de irme a casa. Hay una parte de mí que de vez en cuando quiere regresar a Wolverhampton y relajarse, salir con chicas y volver a ser alguien normal. Supongo que es un callejón sin salida.

Dado el entrenamiento para enfrentarse a los medios recibido por todos los miembros del grupo, para Liam suponía un momento de gran sinceridad. Sus palabras reflejaban la consciencia de todos ellos de que el tremendo volumen del trabajo, la curiosidad insaciable y la indudable presión a la que se veían sometidos en tanto que celebridades en ocasiones los superaba. Liam, que salía con la bailarina Danielle Peazer, sabía perfectamente que parte de la curiosidad que despertaban se centraba en su vida amorosa y que eso jamás cambiaría, sobre todo en el caso de un grupo cuyo atractivo en gran parte estaba basado en su aspecto.

Las cosas no habían cambiado desde que el grupo se formó. Incluso mientras la serie de *The X Factor* proseguía, se rumoreaba que Zayn salía con Geneva Lane, un miembro de Belle Amie, el grupo de chicas. Los rumores se volvieron febriles cuando lo vieron besándola entre bastidores durante la última semana de la serie. Lo vieron salir cogido de la mano de Lane —tres años mayor que él— cuando abandonaban el canal. La prensa consideró que esas fotografías demostraban que los rumores eran ciertos. Pero Zayn lo desmintió en Twitter: «Eh, fans, solo quiero deciros que no os creáis el bombo publicitario; solo somos amigos y ese beso solo fue amistoso.»

La confusión aumentó por el hecho de que al parecer, Lane había confirmado en Twitter que existía un vínculo entre ella y Zayn. «Tenemos una relación», dijo en un intercambio de tuits con una amiga. Su conexión con Zayn, sea cual fuere, significaba que se convirtiera en el blanco de los fans que creían que podría darles acceso al grupo y la bombardearon con pedidos de transmitir mensajes al grupo, incluido el de que montara un ansiado «contacto» en Twitter.

«Me parece una falta de respeto que algunos me consideren una especie de ayudante personal de 1D», escribió.

Lane no fue la única finalista del *X Factor* con la que relacionaron a Zayn. También dijeron que había salido con Rebecca Ferguson, una de las subcampeonas... y esta vez los rumores fueron confirmados.

—Estoy enamorada y es una sensación maravillosa —Ferguson afirmó durante una entrevista de la revista *Reveal*—. Nunca me he sentido así; tardamos un tiempo en vernos de un modo distinto, no hubo ningún momento en particular: fue algo que evolucionó con el tiempo. Pero quien tomó la iniciativa fue Zayn.

Varios artículos periodísticos han afirmado que quién impulsó la relación había sido Zayn. En uno de ellos lo describían como un chico «muy persuasivo» con respecto a las mujeres.

Pero desde luego que la relación más conocida de un miembro de One Direction fue la de Harry con Caroline Flack, la presentadora de *The X Factor*. Esta resultó ser una historia sensacional desde el principio: el concursante adolescente del *X Factor* en un escarceo con la presentadora treintañera. Harry colgó un tuit donde ponía: «¡Para Flackster! ¡Nunca demasiado mayor... hagamos que suceda! Te quiero, Harry S.» Hubo crónicas que sugirieron que sí, que no tardaron en hacer que ocurriera: el romance se inició después de que Harry la describiera como «guapísima» y luego fue descubierto besándola en una fiesta posterior al programa. Flack no tardó en comprobar que cualquier mujer —sobre todo una de mayor edad— que resultaba vinculada con un miembro del grupo acabaría por enfrentarse a una avalancha de insultos en internet. En su caso, eso supuso ser bombardeada con amenazas de muerte cada vez que los medios publicaban detalles acerca de su relación.

Rebecca Ferguson ya se había quejado de recibir «insultos» por parte de chicas de doce años durante su relación con Zayn. Al parecer, Flack se enfrentó a reacciones todavía más feroces, incluso en Twitter. Asqueada por la avalancha de amenazas e insultos recibidos, colgó un mensaje de respuesta. «¡Hola, fans de One Direction! Con el fin de dejar las cosas en claro: soy una amiga íntima de Harry... Es una de las personas más agradables que conozco... No merezco amenazas de muerte :) x.» Algunas crónicas sugirieron que la madre de Harry tampoco se dejó convencer y que quería que Flack «¡se mantuviera alejada de mi hijo!».

Dadas las ajetreadas exigencias que suponían las carreras de ambos y la tremenda curiosidad que despertaban como pareja, su separación no causó una gran sorpresa. Se dijo que fue Harry quien puso fin a la relación, pero consciente de que ser considerado alguien «que da calabazas» podría afectar su imagen, colgó un mensaje poco frecuente en Twitter: «Quiero que sepáis que no "le di calabazas" a Caroline. Fue una decisión mutua. Es una de las personas más buenas y cariñosas que conozco. Os ruego que lo respetéis.»

Cuando las cosas se calmaron, Flack por fin

habló con mayor sinceridad acerca de lo que tuvieron que soportar, pero incluso entonces dejó mucho librado a la imaginación.

—Harry es adorable, es una buena persona —declaró en una entrevista del *Mail on Sunday*, añadiendo que pese a la separación seguían llevándose bien—. Sobre todo somos amigos. Durante un tiempo intimamos mucho, pero eso solo nos incumbe a Harry y a mí. Lo ocurrido nos incumbe a nosotros y después decidimos que lo mejor sería ser amigos.

Sin embargo, la relación se había convertido en una de las sagas de celebridades más importante de los últimos años y generó diversas reacciones. Flack fue elogiada por cazar a un joven exitoso y al mismo tiempo recibió críticas por ser poco menos que una corruptora de menores. Harry se enfrentó a reacciones contrarias. Pronto le colgaron la reputación de ser un joven que es un apasionado admirador de las damas mayores y él no se molestó en desmentirlo cuando después insinuó que se sentía atraído por Kim Kardashian, un mujer de treinta y tantos de vida social muy activa. Durante una entrevista en Estados Unidos sostuvo un afiche de la curvilínea celebridad en la que había pegado un Post-it donde ponía «Llámame... ¿Tal vez?» Luego, durante una entrevista televisiva, Zayn le tomó el pelo a Harry por su supuesta afición.

—Le agradan las mujeres mayores —dijo Zayn para incomodidad de Harry—. ¿Cuál es la regla? Cualquiera que tenga menos de...

Entonces Harry intervino para evitar que Zayn fuera más allá: el tema empezaba a fastidiarlo.

Lamentablemente, el recuerdo más duradero de cualquier encuentro de un miembro de One Direction con uno del sexo bello fue el jaleo al que ambas partes se vieron sometidas, sobre todo la femenina. La devoción por el grupo era tan intensa que una minoría que se hacía oír estaba dispuesta a convertir la vida de cualquier chica que se acercara al grupo en un infierno. Danielle, la novia de Liam, también recibió algunos mensajes desagradables. Incluso Hannah Walker, una rubia bonita que salía con Louis mucho antes de que se hiciera famoso, recibió muchos insultos en Twitter.

Se trata de un asunto siempre presente que de vez en cuando estalla. Por ejemplo, en abril de 2012, la veinteañera Anna Crotti dijo que había sufrido un «*bullying*» en línea que la obligó a cancelar una cita con Zayn. Se habían conocido durante la gira australiana del grupo.

—Se me acercó un guardia de seguridad y creí que estaba en un problema, pero me dijo: «los chicos quieren tu número de teléfono» —le dijo a MTV—. Más adelante recibí un SMS y pregunté quién me lo enviaba. Era Zayn.

La noticia de que estaba en contacto con él no tardó en circular y fue entonces que empezaron los problemas.

—Al final estaba aterrada —dijo—. Un montón de desconocidas me insultaban en Facebook; las chicas llamaban a la estaciones de radio para insultarme. Hasta las madres me llamaban llorando, exigiendo saber si sabía dónde estaban los One Direction, porque sus hijas querían conocerlos. Tenía miedo de ir a casa andando. Todo era demasiado intenso, así que le envié un SMS a Zayn donde ponía que quizás encontrarnos no era buena idea.

Durante esa gira se generaron más conjeturas acerca de la vida amorosa de Harry. Mientras estaban en Nueva Zelanda circularon informes de que salía con Emma Ostilly, una modelo estadounidense; dijeron que había salido con ella y la había besado ante la puerta de su casa.

—Parecían estar muy enrollados y no despegaban la mirada el uno del otro —informaron que dijo un transeúnte. El vocabulario sospechosamente familiar, usado en innumerables citas de fuentes «no identificadas», puso en duda la veracidad de la afirmación. Después de que Harry dijera que «solo era una amiga», Liam apoyó a su compañero diciendo que tampoco era su novia. Pero ello no bastó para salvarla de la ponzoña de algunas fans. Cuando se cansó del acoso, eliminó su cuenta de Twitter.

Cuando vieron lo que las chicas relacionadas con ellos tenían que soportar, el grupo se sintió cada vez más frustrado. Se encontraban en una situación extraña: millones de chicas de todo el mundo se morían por lanzarse en sus brazos, pero la cara B del asunto los convertía en jóvenes con los cuales tener una cita resultaba curiosamente complicado. Se les podría perdonar por preguntarse si las «fans» que bombardeaban a sus parejas con insultos en la web merecían el nombre de fans. Más adelante, en abril, cuando se enfrentó a sus fans en Twitter, Louis demostró que estaba perdiendo la paciencia. Descubrió que bajo el *hash-tag* Louannah —un apodo utilizado durante su relación con Hannah Walker— las fans le habían estado enviando tuits a Eleanor Calder, su novia de aquel entonces, con fotos de él con Walker. Estaba furioso y echó mano de

Twitter para manifestar sus sentimientos. En un poco característico estallido de ira, escribió: «La verdad es que no tiene ninguna gracia. ¡Estoy leyendo unos tuits horrorosos y estoy realmente enfadado!» También le envió un mensaje directo a Calder en el que le aseguraba que la amaba: «¡Te adoro! Besos.» Luego añadió: «En este momento no podría ser más feliz, así que pasa de todo :) Gracias, besos.» Sabía que sus fans verían el mensaje, de modo que en parte también estaba dirigido a ellos.

Mientras tanto Hannah Walker, una maestra de primaria que había pasado a segundo plano desde que se separó de Louis, volvió a encontrarse en medio del jaleo. Le dijo al *Daily Mail* que todo ese alboroto la abochornaba y que se había tomado la molestia de contactar con Eleanor Calder para asegurarle que ella no tenía nada que ver en el asunto. Y en cuanto a su famoso exnovio dijo:

—Hoy en día, cuando lo veo por televisión es como si fuera dos personas diferentes: una es el chico de Doncaster y el otro es Louis, miembro de One Direction.

Ella solo quería que Louis fuera feliz, y por descontado que en su mayoría, los fans de One Direction sienten lo mismo.

Merece la pena tener en cuenta la experiencia de otros grupos de chicos para comprender la manera en la que One Direction se diferencia en cuanto a su relación con las mujeres. Antaño, los representantes de los miembros de los grupos de chicos a menudo les prohibían tener novias, o al menos admitirlo en público. Por ejemplo Take That, que recibieron la orden de su equipo de no tener novias porque se temía que perdieran atractivo para sus fans si estas creían que no estaban «disponibles». En el caso de One Direction, optaron por adoptar un enfoque diferente desde el principio: les permitirían tener novias y decirlo abiertamente. Durante una reunión con su equipo de asesores incluso alentaron a los chicos a salir con mujeres un poco mayores porque consideraban que de ese modo las «secuelas» tras una separación serían menos perjudiciales.

El enfoque distinto respecto de la imagen de One Direction informa todo el paquete.

—Intentamos convertirnos en algo diferente de aquello que la gente consideraría el grupo de chicos típico —le dijo Niall al *National Post* canadiense—. Intentamos interpretar diversos tipos de música y de ser nosotros mismos.

Con el tiempo, puede que ese frenesí que rodea a las chicas que salen con un miembro del grupo se calme a medida que las auténticas fans que solo desean lo mejor para los chicos hagan oír sus voces por encima del estrépito y que la vida de todos a quienes concierne se vuelva más agradable.

No hemos de olvidar que los fans de One Direction son un clan maravilloso y afectuoso. A menudo han recurrido a Twitter para crear tendencias de apoyo. La frustración de los miembros del grupo respecto del asunto de las novias fue puesta en perspectiva gracias a la noticia de que la tía de Zayn había fallecido en febrero de 2012. Ocurrió mientras el grupo estaba en Estados Unidos. Reservaron un pasaje con rapidez, para que Zayn pudiera viajar a casa y estar con su familia. La noticia fue anunciada por Harry en Twitter: «Zayn ha perdido a un miembro de su familia y tuvo que regresar a casa por unos días, así que no estará presente en los próximos espectáculos en Estados Unidos —escribió—. En estos momentos tan tristes nuestros pensamientos lo acompañan a él y a su familia.»

El dolor de su héroe entristeció a las fans, sobre todo tras la muerte de su abuelo durante los programas en directo del *X Factor*. Iniciaron un tributo en forma de *hash-tags* para Zayn y su familia y consiguieron que el «*#StayStrongZayn*» (mantente firme Zayn) se convirtiera en tendencia en las redes sociales. La primera interacción hecha por el propio Zayn tras la muerte de su tía fue «retuitear» un mensaje de otro usuario, donde ponía: «Dios no tiene teléfono, pero hablo con Él. No tiene Facebook, pero sigue siendo mi amigo. No tiene un twitter, pero yo lo sigo (sic).» Esa historia es un reflejo de los auténticos fans de One Direction, que seguirán siéndoles fieles en el futuro. Puesto que los apoyaron desde el principio, los fans saben que tenían —y aún tienen— un papel que jugar en esta notable historia.

—Bien, ¿qué futuro le espera a One Direction?

—En verano regresaremos y grabaremos un nuevo disco —dijo Niall en marzo de 2012—. Queremos sacar casi un disco por año o cada año y medio —añadió.

—Los trabajos preliminares para el segundo álbum ya están en marcha —dijo, y mencionó que se habían celebrado reuniones con diversos compositores y productores. Los primeros informes sugieren que el grupo piensa incorporar un sonido más *heavy* al segundo álbum. Dado que más de uno son aficionados de los grupos de rock estadounidenses, tales como Green Day y Jack's Mannequin, quieren añadir un poco de ese ruido a su propio material.

—Queremos que el próximo álbum sea diferente, con más guitarras y un sonido más *grungy* —Louis le dijo al *Daily Star*.

Resulta esencial que las ideas, los deseos y los pensamientos de los miembros del grupo siempre supongan el núcleo de su desarrollo. Los chavales no quieren ser marionetas pop y sus fans tampoco lo permitirían. Son cinco muchachos que poseen una auténtica chispa creativa. También son cinco jóvenes buenos y decentes que merecen ser respetados. En cierta ocasión le preguntaron a Simon Cowell cómo se las ingenió para asegurar que el grupo conservara el éxito obtenido en vez de perder aceptación con rapidez en la siempre caprichosa industria del pop. Su filosofía era sencilla:

—Hay que ser sensato y tratarlos como a seres humanos. Eso es lo más importante.

BIBLIOGRAFÍA

Birth Order, Linda Blair, Piatkus Books, 2011.

One Direction A-Z, Sarah Oliver, John Blake Publishing, 2011.

One Direction: Dare to Dream: Life as One Direction, One Direction, HarperCollins, 2011.

Simon Cowell: The Unauthorized Biography, Chas Newkey-Burden, Michael O'Mara Books, 2009.

The X Factor: Access All Areas, Jordan Paramor, Headline, 2007.

1D: Forever Young, One Direction, HarperCollins, 2011.

Créditos de las fotografías

Página 1: Beretta/Sims/Rex Features *(todas)*.

Página 2: Beretta/Sims/Rex Features *(ambas)*.

Página 3: NTI Media Ltd/Rex Features *(superior)*;

Danny Martindale/FilmMagic/Getty Images *(inferior)*.

Página 4: McPix Ltd/Rex Features *(ambas)*.

Página 5: Beretta/Sims/Rex Features *(superior)*; McPix Ltd/Rex Features *(inferior)*.

Página 6: Rex Features *(superior)*; David Fisher/Rex Features *(inferior)*.

Página 7: Ian Gavan/Getty Images *(superior)*; Ian West/PA Archive/Press Association Images *(inferior)*.

Página 8: McPix Ltd/Rex Features *(superior)*; Eamonn McCormack/WireImage/Getty Images *(inferior)*.

Página 9: Fred Duval/FilmMagic/Getty Images.

Página 10: Dave Hogan/Getty Images *(superior)*; Jon Furniss/WireImage/Getty Images *(inferior)*.

Página 11: Jason Sheldon/Rex Features.

Página 12: John Marshall/AP/Press Association Images *(superior y centro)*; David Fisher/Rex Features *(inferior)*.

Página 13: Kevork Djansezian/Getty Images *(superior)*; Andrew H Walker/Getty Images *(inferior)*.

Página 14: © Splash News/Corbis *(superior)*; Newspix/Nathan Richter/Rex Features *(inferior)*.

Página 15: © Splash News/Corbis *(todas)*.

Página 16: Newspix/Rex Features *(superior)*; AGF s.r.l./Rex Features *(inferior)*.

ÍNDICE